MÜNSTERSCHWARZACHER KLEINSCHRIFTEN

herausgegeben
von Mönchen der Abtei Münsterschwarzach

Band 36

Anselm Grün OSB

Einswerden

Der Weg des hl. Benedikt

VIER-TÜRME-VERLAG MÜNSTERSCHWARZACH
1986

Anselm Grün OSB

Einswerden

Der Weg des hl. Benedikt

VIER-TÜRME-VERLAG MÜNSTERSCHWARZACH
1986

CIP-Kurztitelaufnahme der Deutschen Bibliothek
Grün, Anselm:
Einswerden : d. Weg d. hl. Benedikt /
Anselm Grün. – Münsterschwarzach :
Vier-Türme-Verlag, 1986.
(Münsterschwarzacher Kleinschriften; Bd. 36)
ISBN 3-87868-241-7
NE: GT

3. Auflage 1996
Gesamtherstellung: Vier-Türme-Verlag, 97359 Münsterschwarzach Abtei

ISSN 0171-6360
ISBN 3-87868-241-7

Inhalt

I. EINLEITUNG 7

II. SCHRITTE AUF DEM WEG BENEDIKTS 13

1. Der erste Schritt in die Freiheit 13
2. Los von der Mutter 14
3. Einsam in der Höhle 16
4. Begegnung mit den Menschen 19
5. Die Versuchung durch das Bild der Frau 21
6. Geistliche Vaterschaft 27
7. Scheitern der ersten Führung 28
8. Das Wohnen in sich selbst 30
9. Erneuter Versuch geistlicher Führung 32
10. Die Zeichen der Propheten 35
11. Der alte Feind am neuen Ort 41
12. Die 12 Wunder des Erkennens 45
13. Die 12 Wunder der Tat 53
14. Integration der anima 63
15. Die kosmische Vision 69
16. Die Regel als Zeugnis für die Gestalt Benedikts 74
17. Die Vollendung 75
18. Benedikts Fortwirken: die Heilung in der Höhle 77

Anmerkungen 78

I. Einleitung

Als ich im Noviziat die Lebensbeschreibung des hl. Benedikt durch Papst Gregor las, konnte ich nicht viel damit anfangen. Es waren mir zuviele wunderbare und wundersame Geschichten, die mir Benedikt in weite Ferne rückten. Ich wußte nicht, wie weit ich diese Geschichten ernst nehmen oder eben als fromme Legenden abtun sollte. Und wenn ich mich mit meinen Fragen an die Mitbrüder wandte, so entschuldigten sie sich fast, daß wir über Benedikt so wenig wüßten und nur auf die Propagandaschrift Gregors angewiesen seien, der im 2. Buch der Dialoge an der Gestalt Benedikts zeigen wolle, daß das Abendland ebenso heilige Männer hervorgebracht hat wie der Osten. Aber die Geschichten seien eben nicht so ernst zu nehmen. Auf diese Weise wurde mir die Person Benedikts nie vertraut. Allein die Regel half mir, dem Geist Benedikts näher zu kommen und zu erahnen, wer dieser Mann gewesen sein mußte, der so schreiben konnte.
Die Beschäftigung mit der tiefenpsychologischen Auslegung der Bibel und der Märchen machte mich neugierig, diese Methode nun auch auf die Erzählungen Gregors anzuwenden. Und da bekam für mich Benedikt auf einmal menschliche Farben. Da wurde er mir als Person sympathisch, da konnte ich mich in ihn einfühlen. Ich entdeckte dabei, daß Gregor die Geschichte Benedikts als Entwicklungsweg beschreibt, als Weg der Selbstwerdung, als Individuationsprozeß, wie C. G. Jung den Reifungsweg des Menschen nennt. Und die vielen Wunder, denen ich früher immer mit Skepsis begegnete, wurden mir auf einmal verständlich. Sie sind für mich nicht bloß „Bilder des Heils“[1], sondern Bilder der menschlichen Psyche, Bilder des Menschen auf seinem Weg der

Selbstwerdung. Sie beschreiben in äußeren Ereignissen, was in der Seele Benedikts geschehen ist und was bei jedem Menschen auf seinem Weg der Individuation auf ähnliche Weise geschieht. Sie zeichnen den Weg nach, auf dem Benedikt immer mehr eins wird mit sich selbst, auf dem er sich aussöhnt mit seinem Schatten, auf dem er seine anima integriert, auf dem er von der egoistischen Selbstbehauptung immer mehr frei wird und eins wird mit Gott, in dem er zu sich selbst findet und durch den er fähig wird zur Gemeinschaft mit den Menschen.

Wenn wir die Dialoge Gregors so lesen, dann entdecken wir in Benedikt eine faszinierende Gestalt, die uns alle angeht. Denn im Weg Benedikts finden wir uns selbst wieder. So wie Benedikt Schritt für Schritt weiter geht von einer infantilen Mutterbindung über die Einsamkeit der Höhle zu einem Menschen, der mit sich eins geworden ist, so sollen auch wir unsern Weg der Selbstwerdung gehen. Doch das Leben Benedikts ist mehr als ein moralischer Appell, daß wir nun genauso leben müßten. Es ist ein Modell, das uns einen neuen Weg ermöglicht. Gregor beschreibt das Leben Benedikts in archetypischen Bildern. Und das bedeutet, daß dieses Leben nicht bloß eine individuelle Bedeutung hat, sondern daß es immer und überall gültig ist, daß es uns die Möglichkeit der Identifikation und der Selbsterkenntnis bietet und daß es in uns selbst den Prozeß der Individuation in Gang setzt. Von einem archetypischen Bild geht eine Kraft aus, die auch uns verwandeln kann.

Die reinen Fakten, die wir von einem Menschen wissen, sind für uns persönlich ohne Bedeutung. Von dem, was ich in einem Computer speichern kann, kann ich nicht leben. Wenn ein Mensch für mich von Bedeutung sein soll, muß sein Leben so gedeutet werden, daß ich mich in ihm wiederfinden kann. Die archetypischen Bilder der Dialoge Gregors sind so eine Deutung, die uns alle mit einschließt. Und von daher ist die legendenhafte Erzählweise nicht etwas, für das man sich entschuldigen müßte, sondern gerade eine Chance, Benedikt in seiner eigentlichen Bedeutung zu verstehen. Die Wundergeschichten beschreiben das Wesen des Gottesmannes adäquater, als es ein historischer Bericht könnte. Wir können in diesen Geschichten entdecken, was Benedikt für ein Mensch war, wie er sein Leben verstanden hat und was er uns mit seinem Leben vermitteln möchte. Im Spiegel Benedikts können wir uns aber auch selbst besser verstehen. Am Weg Benedikts sehen wir, wohin uns unser Weg führen will, welche Schritte er uns abverlangt und welchen Gefahren wir auf diesem Weg begegnen werden. Der Weg Benedikts macht uns Mut, durch alle Anfechtungen hindurch immer weiterzuschreiten und nicht zu früh stehen zu bleiben, an uns zu arbeiten und uns zu wandeln, bis auch wir mit uns selbst eins werden und in der Einheit mit Gott auch die Einheit mit den Menschen erfahren können.

Die archetypische Beschreibung Benedikts deutet uns unser Leben und bringt zugleich etwas in uns in Bewegung. Sie belebt in uns die Energien, die in unserem Unbewußten liegen und die sich oft negativ auf uns auswirken, wenn die unbewußten Inhalte nicht ins Bewußtsein gehoben werden. Die archetypischen Bilder machen uns diese Inhalte bewußt und geben uns so die Möglichkeit, sie zu integrieren. Das aber bedeutet einen Zuwachs an Kraft und Lebendigkeit, es läßt uns ein Stück mehr mit uns selbst eins werden. Von diesen Bildern geht eine Energie aus, die in uns etwas bewirkt und auch uns die Schritte er-

möglicht, die Benedikt auf seinem Weg der Selbstwerdung gegangen ist. Wenn wir die Dialoge Gregors so lesen, kann uns die Beschäftigung mit Benedikt verwandeln und uns auf unserm Weg der Individuation vorantreiben.
Gregor hat die Gestalt Benedikts nicht erfunden, er hat sie nur mit seinen Erzählungen und Geschichten gedeutet. In seiner Deutung hat er die wahre Bedeutung des historischen Benedikt getroffen. Wenn er den Weg der Einswerdung am historischen Benedikt festmacht, dann zeigt das, daß Benedikt eine außergewöhnliche Erscheinung gewesen sein muß, daß er etwas ausgestrahlt hat, das die Menschen faszinierte und ihnen zugleich Hoffnung schenkte. Benedikt muß ein weiser Mensch gewesen sein, durch und durch klar, so daß man sich in seiner Gegenwart nicht verstellen konnte, ein Heiliger, der andern zum Heil wurde und ihre Krankheiten heilte, ein Gesegneter, von dem Leben ausging, der andern zum Segen wurde, indem er sie auf ihrem Weg der Einswerdung weiterbrachte und sie in eine größere Freiheit und in eine neue Lebendigkeit hineinführte. Gregors Dialoge sagen uns mehr aus über das Wesen Benedikts und über das Geheimnis seiner Person, als es eine historische Darstellung vermöchte. Wir müssen nur die richtige Methode anwenden, um Gregors Beschreibung gerecht zu werden. Die tiefenpsychologische Auslegungsmethode kann uns dabei helfen. Wir müssen uns jedoch davor hüten, die Texte Gregors psychologisch platt zu walzen und überall nur psychologische Theorien zu bestätigen. Dann würde letztlich jede Geschichte das Gleiche bedeuten. Es geht nicht um eine Reduktion des geistlichen Weges auf den psychologischen Weg der Individuation, sondern um eine Erhellung des religiösen Weges und um ein neues Ge-

spür für das Bilddenken Gregors. Die Psychologie Jungs soll nicht die Richtschnur der Auslegung sein, sondern uns nur ermuntern, uns selbst in die Bilder hineinzufühlen, sie von sich aussprechen zu lassen und sie durch Assoziationen zu erweitern. Dann gehen wir mit den Dialogen Gregors ähnlich um wie die Kirchenväter in ihrer allegorischen Schriftauslegung mit den biblischen Geschichten. Dabei kann in dieser Kleinschrift vieles nur angedeutet werden. Der Leser möge selbst in die Bilder hineinhorchen. Dann wird ihm vieles von alleine aufgehen. Er wird neue Zusammenhänge entdecken, sich selbst in den Bildern wiederfinden und die Aktualität Benedikts für seinen eigenen geistlichen Weg erkennen.

II. Schritte auf dem Weg Benedikts

1. Der erste Schritt in die Freiheit

Benedikt entstammt einem vornehmen Haus aus der Gegend von Nursia. „Von seiner Kindheit an zeigte er die Einsicht eines reifen Menschen. (cor gerens senile)" (30). Mit diesem Satz beschreibt Gregor nicht, wie Benedikt als Kind war und lebte, sondern er sagt damit etwas über das Wesen Benedikts aus. Benedikt verbindet in sich Kindheit und Alter, die Spontaneität und Ursprünglichkeit des Kindes mit der Erfahrung und dem Wissen des Alters, die Unverfälschtheit des Anfangs mit der Fülle des Endes. Das Kind ist ein archetypisches Bild für das Selbst des Menschen. Es bereitet die zukünftige Wandlung der Persönlichkeit vor. „Es antizipiert im Individuationsprozeß jene Gestalt, die aus der Synthese der bewußten und der unbewußten Persönlichkeitselemente hervorgeht. Es ist daher ein die Gegensätze vereinigendes Symbol, ein Mediator, ein Heilbringer, das heißt Ganzmacher."[2] Mit diesem Bild gibt Gregor das Programm seiner Lebensbeschreibung an: Benedikt wird auf seinem Weg das Selbst entfalten und darin Bewußtes und Unbewußtes miteinander verbinden. Er wird das unverfälschte Bild Gottes in sich zur Vollendung bringen und dabei zugleich jugendlich frisch und altersweise sein.

Gregor beschreibt nun, wie Benedikt seinen Weg beginnt. Zunächst wird Benedikt von seinen Eltern zum Studium nach Rom geschickt. Das ist bereits ein erster Schritt aus der Familie heraus. Doch es ist ein Weg in eine neue Geborgenheit. Die Stadt ist auf der einen Seite ein mütterliches Symbol für das Behütet- und Geborgensein. Auf

der anderen Seite bezeichnet sie den Bereich der Öffentlichkeit, des Bewußtseins. Sich in der Stadt niederlassen, bedeutet dann, das Ich im Äußeren zu sichern, es durch Besitz, durch die Anerkennung bei den Menschen, durch menschliche Kontakte, durch beruflichen Erfolg abzusichern. Doch Benedikt gibt all diese Sicherheiten auf. Er verläßt Rom. Er durchschaut das oberflächliche Treiben, die Fremdbestimmung des Ichs durch die Erwartung der andern. Er reißt sich davon los und will allein Gott gefallen, er will sein wahres Bild leben, sein Selbst entfalten, nach dem Willen Gottes seine eigentliche Berufung erfüllen.
Gregor beschreibt Benedikts Auszug so: Recessit igitur scienter nescius et sapienter indoctus. „So ging er also fort, bewußt unwissend, und – weil er weise war – ohne Gelehrsamkeit." (30) Er wich zurück in einer Art Regression. Er gab das Streben nach äußerem Wissen und Ruhm auf, um sich auf das innere Wissen, auf das Unbewußte einzulassen, das eine neue Form von Wissen mit sich bringt: die Weisheit des Unbewußten, die den Menschen an das eigentliche Geheimnis seiner Existenz heranführt, an die Weisheit Gottes und an das Geborgensein in Gott, in dem der Mensch neu geboren wird.

2. Los von der Mutter

Benedikt verläßt Rom nicht allein, sondern in Begleitung „seiner Amme, die ihn zärtlich liebte", (arctius heißt es, die ihn in ihrer Liebe nicht losließ). Die Amme hatte in der Antike oft eine viel engere Beziehung zu den Kindern als die leibliche Mutter[3]. Allein mit seiner Amme war Benedikt vom Treiben der Welt losgekommen, aber doch in Gefahr, nun erst recht in einer engen

Mutterbindung Zuflucht zu suchen vor den Kämpfen des Lebens und dem eigentlichen Schritt, den Gott von ihm verlangte, auszuweichen. Dann wäre sein Schritt aus Rom nicht ein Schritt nach vorne geworden, sondern eine Regression zurück in die infantile Abhängigkeit von der Mutter. Doch Gregor zeigt in einem Bild auf, wie Benedikt den Bruch mit der Mutter wagt. Die Amme leiht sich eine Multer aus, ein muldenförmiges Gerät, Symbol für das Weibliche. Die Multer bricht entzwei. Die Amme weint bitterlich. Sie spürt, daß wirklich etwas zerbrochen ist zwischen ihr und Benedikt. Doch Benedikt betet über die Multer. Und die Teile fügen sich wieder zusammen. Auf einer höheren Ebene ist die Einheit zwischen Mutter und Sohn wieder hergestellt. Aber diese Einheit hält den Sohn nicht mehr fest. Der Sohn geht seine eigenen Wege. Benedikt verläßt heimlich seine Amme und flieht in die Einsamkeit. Ohne Abschied zu nehmen, trennt er sich von seiner Amme. Wie im Evangelium (LK 9,57ff) reißt er sich los von der Bindung an die Mutter, um sich allein auf Gott einzulassen, um nun ganz er selbst zu werden. Zugleich entgeht er damit der Gefahr, schon als junger Mann wie ein Wundertäter verehrt zu werden. Am Anfang des religiösen Lebens stehen oft wunderbare Erfahrungen der Gnade Gottes. Aber manch einer hält dann daran fest. Er ist so fasziniert von dem Zuwachs an Leben, daß er damit angibt und von den Menschen bewundert werden will. Doch dann bleibt er innerlich stehen. Benedikt will nicht auf der Welle der Anerkennung schwimmen. Er flieht in die Einsamkeit.

3. Einsam in der Höhle

Benedikt zieht sich in eine einsame Gegend (deserti loci secessum) zurück, nach Subiaco, etwa 40 Meilen von Rom entfernt. Gregor spielt hier auf die 40 Tage Jesu in der Wüste und auf die 40tägige Wanderung des Propheten Elija durch die Wüste an. In Wirklichkeit ist Subiaco nämlich gut 50 Meilen von Rom entfernt.[4] Benedikt zieht sich wie Jesus in die Wüste zurück, um versucht zu werden und heranzureifen zu einem Mann Gottes, der wie der Prophet Elija im Säuseln des Windes Gott erfahren kann.

Auch die Landschaftsbeschreibung von Subiaco ist voller Symbolik. „Dort sprudeln frische, klare Quellen hervor, deren Wasser sich zunächst in einem ausgedehnten See sammeln, sich dann aber in einen Fluß ergießen.“(37) Das trifft auf Benedikt zu, der in der Einsamkeit von Subiaco nach klaren inneren Quellen sucht. Er bleibt 3 Jahre lang in einer Höhle, damit sich die Wasser seiner Quellen in einem weiten See sammeln können, um sich dann in einen Fluß zu ergießen, der die ganze Gegend befruchtet, der für die Menschen Leben bringt. Das Bild beschreibt aber auch die Gemeinschaft der Mönche, die Benedikt in Subiaco gründet. Jeder einzelne Mönch ist so eine Quelle, deren Wasser in der Gemeinschaft zusammenfließt und zu einem großen See wird, von dem dann ein Fluß in die Welt hinausfließen kann, um Heil und Segen zu den Menschen zu bringen.

Auf der Flucht nach Subiaco begegnet Benedikt dem Mönch Romanus. Romanus bewahrt sein Geheimnis, daß er Mönch werden will, und gibt ihm das Mönchsgewand. Das Mönchsgewand ist Zeichen für die neue Existenz. Benedikt lebt nicht mehr als Sohn seiner Eltern, sondern als

Mönch, als einer, der allein für Gott und mit Gott ist, als einer, der allein Gott sucht und auf seiner Suche nach Gott auch sich selbst findet. Doch diese neue Existenz muß erst wachsen. Sie braucht einen Schutzraum, in dem sie sich entfalten kann. Die enge Höhle, in die Benedikt sich 3 Jahre lang zurückzieht, ist ein Symbol für den Mutterschoß. Benedikt muß gleichsam wiedergeboren werden. In der Höhle des Schweigens wird er neu geboren im Geiste. Für Jung ist das mütterliche Symbol der Höhle eine Hilfe, die Lebensenergie (libido) eines Menschen umzuwandeln, sie vom Verhaftetsein an die leibliche Mutter, ja von der sinnlichen Gebundenheit überhaupt zu befreien und sie in eine geistige Form überzuleiten. Nach Jung ist die Lösung von der Mutter nicht einfach durch einen radikalen Schnitt zu vollziehen. Denn „wer sich von der Mutter trennt, sehnt sich nach ihr zurück“[5]. Wirklich frei wird der Mensch nur, wenn seine libido aus einer niederen Form in eine höhere umgeleitet wird. Und das geschieht nur durch Symbole, die Jung als Umformer bezeichnet. Die Höhle ist so ein Symbol, das die Sehnsucht des Menschen nach Geborgenheit bei der Mutter aufnimmt, aber zugleich umwandelt und auf Gott hin ausrichtet. In der Höhle ist Benedikt mit Gott allein. Getrennt von allen Menschen findet er bei Gott die Geborgenheit und den Schutz, den er zuvor bei seiner Amme gesucht hat. Aber zugleich ist er allein, radikal auf sich geworfen. Er ist mit sich konfrontiert, mit seinen Gedanken und Gefühlen, Wünschen und Bedürfnissen, mit seinem Schatten. Die Höhle, in der Benedikt sich selbst vor Gott aushalten muß, ist wie ein Feuerofen, der ihn innerlich reinigt und zu einem neuen Menschen umformt. Das Symbol der Höhle begegnet uns ähnlich beim

Propheten Jona, der 3 Tage lang im Rachen des Fisches weilt, bevor ihn der Fisch ausspeit und ans Land wirft. Das NT überträgt das Bild des Jona auf das 3tägige Weilen Jesu im Grab. So ist auch der 3jährige Aufenthalt Benedikts in der Höhle wie ein Sichzurückziehen in das Grab, um dann als neuer Mensch aufzustehen.

Nach C.G. Jung ist die Höhle „der Ort der Wiedergeburt, jener geheime Hohlraum, in den man eingeschlossen wird, um bebrütet und erneuert zu werden."[6] In der Höhle zieht sich der Mensch in sich selbst zurück und durch diese Introversion wird er „befruchtet, begeistert, wiedererzeugt und wiedergeboren"[7].

Die Höhle ist jedoch zugleich auch der Ort, an dem die Menschen Erleuchtung erhoffen. Die ersten Riten bestanden darin, daß man über schwierige und dunkle Pfade immer tiefer eindrang in das Innere eines Berges, bis man dann in eine Höhle kam, die als Kultort diente und zugleich als Ort der Wandlung und Erleuchtung. „Dieser Wandlungsort aber ist nur auf einem Einweihungsweg zu erreichen, der durch ein todesträchtig gefährliches Labyrinth führt, in dem keine Bewußtseins-Orientierung möglich ist."[8] Im Inneren der Höhle soll die Verwandlung und Erleuchtung stattfinden. Von dieser Ursehnsucht der Menschheit kündet auch die Höhle, in der Benedikt allein mit Gott war. Von Antonius, der 20 Jahre allein in einem alten Castell eingeschlossen war, heißt es, als man das Verließ gewaltsam aufbrach: „Da trat Antonius wie aus einem Heiligtum hervor, eingeweiht in tiefe Geheimnisse und gottbegeistert".[9] Die 20 Jahre Einsamkeit hatten Antonius völlig verwandelt. Athanasius beschreibt ihn so: „Die Verfassung seines Innern war rein, denn weder war er durch den Mißmut grämlich geworden, noch in seiner

Freude ausgelassen, auch hatte er nicht zu kämpfen mit Lachen oder Schüchternheit; denn der Anblick der großen Menge brachte ihn nicht in Verwirrung. Man merkte auch nichts von Freude darüber, daß er von so vielen begrüßt wurde. Er war vielmehr ganz Ebenmaß, gleichsam geleitet von seiner Überlegung, und sicher in seiner eigentümlichen Art." Diese Beschreibung könnte auch auf Benedikt zutreffen, als er nach 3 Jahren völliger Einsamkeit zum ersten Mal wieder mit einem Menschen zusammentraf. Die 3 Jahre hatten ihn verwandelt, er war eins geworden mit sich selbst, mit Gott und mit den Menschen.

4. Begegnung mit den Menschen

Wer wirklich im Stande ist, allein zu sein, der zieht von selbst Menschen an. "Er braucht sie dann gar nicht zu suchen, sie kommen von ganz allein, und zwar diejenigen, die auch er selber braucht."[10]

Der erste Mensch, dem Benedikt nach 3 Jahren Einsamkeit begegnet, ist ein Priester. Als der Priester am Osterfest für sich gerade ein Mahl bereitet, zeigt ihm Gott in einem Gesicht, er solle zu Benedikt gehen und mit ihm das Mahl teilen. Der Priester findet Benedikt, spricht mit ihm über das geistliche Leben. Schließlich sagt er zu ihm:

Komm, laß uns miteinander essen, denn heute ist Pascha. Der Gottesmann antwortete ihm: Ich weiß, daß Pascha ist, weil mir geschenkt wurde, dich zu sehen. Denn da er so fern von den Menschen lebte, wußte er nicht, daß an diesem Tage das hochheilige Osterfest gefeiert wurde. (42)

Daß die Begegnung gerade an Ostern stattfindet, zeigt, daß Gregor die 3 Jahre Höhle mit dem Grab Jesu vergleicht und daß er glaubt, Benedikt sei als neuer Mensch auferstanden.[11] Benedikt spürt, daß für ihn heute Ostern ist, daß die Zeit eines neuen Lebens gekommen ist. Und dieses neue Leben wird ein Miteinanderleben sein. Benedikt weiß zwar nicht, daß die Kirche an diesem Tag Ostern feiert. Aber er fühlt, daß er in der Begegnung mit dem Priester Ostern erleben darf. Jetzt ist er fähig, mit den Menschen zu leben. Er braucht nicht mehr den Schutz der Höhle. Die Menschen halten ihn nicht mehr von Gott ab und auch nicht von seiner eigenen Identität. Im Gegenteil, sie vertiefen seine Sehnsucht nach Gott. Und im Miteinander-Reden und im Miteinander-Essen erfährt er Gott selbst, der ihm im Miteinander Ostern schenkt und ihn Auferstehung erfahren läßt. Er erlebt Gott nun nicht mehr nur in Askese und Verzicht, sondern auch im Genießen seiner Gaben. Weil er von seiner Gier frei geworden ist, kann er nun die Gaben Gottes so genießen, daß er in den Gaben Gott selbst erfährt.

Im Miteinander mit dem Priester erlebt Benedikt, wie der andere ihm Gott vermittelt. In der 2. Begegnung mit den Hirten vermittelt Benedikt nun selbst den anderen Gott. Weil er verwandelt ist, kann er nun auch andere verwandeln. Zunächst jedoch halten die Hirten Benedikt für ein Tier, da er mit Fellen bekleidet war.

Aber als sie in ihm einen Diener Gottes kennenlernten, bekehrten sich viele von ihrer tierisch rohen Gesinnung zu einem gottgefälligen Leben. (43)

Gregor bringt hier meisterhaft zum Ausdruck, wie die Hirten in Benedikt zunächst ihrem eigenen Schatten begegnen. Sie halten ihn für ein Tier. Aber das Tier ist in ihnen. Als sie mit Benedikt ins Gespräch kommen, sehen sie sich in ihm wie in einem Spiegel und entdecken ihre eigene tierische Gesinnung. Benedikt kann die tierisch-rohen Hirten bekehren, weil er selbst dem Tier in sich begegnet ist, weil er keine Angst mehr vor seinen eigenen tierischen Tiefen hat, sondern sich mit dem Tier in sich ausgesöhnt hat.

5. Die Versuchung durch das Bild der Frau

Der Durchbruch zu neuem Leben ist geschafft. Aber Benedikt ist nicht unangefochten. Gregor schreibt:

Eines Tages aber, als Benedikt allein war, stellte sich der Versucher ein.[4]

Überall, wo der Mensch Gott begegnet, begegnet er auch seinem Gegenspieler, dem Satan. Das ist eine Erfahrung aller geistlichen Menschen. Die Suche nach Gott geht nur über die Auseinandersetzung mit dem Bösen. Ich gelange nicht ins Licht, wenn ich nicht zuvor meinem Schatten begegne. Ich kann Gott nicht erkennen, wenn ich nicht zuvor mich selbst erkenne. Gregor beschreibt die Versuchung so:

Ein kleiner schwarzer Vogel, der aussah wie eine Amsel, fing an, sein Gesicht zu umschwirren, und ihm so aufreizend nahe zu kommen, daß ihn der hl. Mann mit der Hand hätte greifen können, wenn er ihn hätte fangen wollen. Doch er schlug ein Kreuz, und der Vogel wich zurück. Während der Vogel sich entfernte, überkam den hl. Mann eine so starke sinnliche Versuchung (carnis temptatio), wie er sie nie auch nur annähernd erfahren hatte.

Der böse Geist ließ vor dem geistigen Auge Benedikts eine Frau erscheinen, die dieser früher einmal gesehen hatte; die Erinnerung an ihre Schönheit entfachte in dem Diener Gottes ein solches Feuer, daß er meinte, sein Herz müsse von der Glut der Liebe zerspringen. Schon war er nahe daran, sich besiegt zu geben und die Einöde zu verlassen.(44)

Im alten Mönchtum wird der Teufel oft in Gestalt eines schwarzen Vogels dargestellt. Der Vogel ist ein Geistwesen, der schwarze Vogel ein negatives Geistwesen, ein Dämon, der böse und schädliche Gedanken eingibt. Der Vogel, der Benedikt belästigt, will seine Versuchung als vom Teufel kommend interpretieren. Das Bild der Frau fasziniert Benedikt so, daß er aus sich selbst herausgerissen wird. Zwei Bedeutungen hat diese Versuchung. Einmal regt sich hier die Sexualität. Und sie regt sich gerade nach einer äußeren Belästigung. Wenn wir uns über äußere Dinge ärgern, über Belästigungen durch andere, dann flüchten wir leicht in die Sexualität. Wir befriedigen uns selbst, weil uns die äußere Situation nicht befriedigt. Aber das ist ein Irrweg, den uns ein Dämon eingibt. Die Sexualität regt sich nicht nur am Beginn des geistlichen Weges, sondern immer wieder und gerade dann, wenn wir meinen, daß wir schon wie Benedikt geistliche Lehrer für andere geworden sind, Lehrer, die die anderen von ihrer tierischen Gesinnung befreien sollen.

Die zweite Bedeutung dieser Szene ist die Begegnung mit der Frau. Das Bild der Frau hat verschiedene Aspekte. Hier ist es mehr die Geliebte, die Frau, die Benedikt durch ihre Schönheit fasziniert. Da die Frau bisher verdrängt war, regt sie sich so stark, daß sie Benedikt fast zerreißt. Und wegen der Verdrängung ist ihr Bild noch negativ besetzt. Benedikt erfährt sie als Gefahr, er hat Angst, von ihr besiegt zu werden und die Einöde wegen ihr zu verlassen. Es geht aber nicht bloß um die Begegnung mit der äußeren Frau, sondern mit der anima, dem Archetyp für das Weibliche. Nach Jung folgt der Begegnung mit dem Schatten die Begegnung mit der anima. So auch hier. Der Mann ist nie nur männlich, sondern trägt weibliche Züge in sich. Die anima steht für Gefühl, Lebendigkeit, Zärtlichkeit, Spontaneität, Gemeinschaft, Kreativität, für das Weiche und Behütende, für das Mütterliche und Reizvolle. Zur Selbstwerdung des Mannes gehört, daß er seiner anima begegnet und sie integriert. Das ist für

Jung eine schwierige Aufgabe, die große innere Kraft und peinliche Ehrlichkeit sich selber gegenüber verlangt. „Den Schatten zu erkennen, nenne ich das Gesellenstück, mit der anima auszukommen, hingegen das Meisterstück, welches nicht viel zustande kriegen."[12]

Benedikt ist zunächst der Konfrontation mit der anima nicht gewachsen. Er wird aus sich herausgerissen. Er ist fasziniert von dem Bild der Frau, das in ihm ein solches Feuer entfacht, daß sein Herz zu zerspringen scheint. Benedikt erfährt sich als brennend vor Liebe. Er ist nicht mehr bei sich. Das ist die Beschreibung der Projektion, von der Jung spricht. Zunächst projizieren wir unsere anima auf eine konkrete Frau. Das bringt uns in eine tiefe Abhängigkeit von ihr. Wir fühlen uns verliebt, hingerissen. Wir können nicht ohne die Frau sein. Wir tun alles, um sie zu besitzen. Wir geben uns selbst auf. Die Frau ruft aber in uns auch neues Leben hervor. Wenn wir verliebt sind, erleben wir uns ganz neu. Wir zeigen auf einmal Gefühle, werden lebendiger, menschlicher. Aber solange wir die anima nur auf die Frau außerhalb von uns projizieren, werden wir selbst nicht reifer. Wir sind dann nur in der Nähe der Frau lebendig, aber nicht in uns selbst. Und wir können dann der Frau nicht angemessen begegnen. Wir werden sie entweder in den Himmel erhöhen als Madonna oder als Mutter, der wir all unsere Ideale überstülpen. Oder wir werden sie aus Abwehr gegen ihre Faszination in die Hölle stoßen, sie zur Dirne, Verführerin und Hexe abstempeln.

Aber wie sollen wir die Projektion der anima denn zurücknehmen, um der Frau als Frau zu begegnen und sie in ihrem wahren Wert zu sehen? Wie sollen wir unsere anima integrieren? Gregor beschreibt den Versuch Benedikts, auf die Faszination durch die anima zu reagieren, so:

Doch plötzlich fand er, von Gottes Gnade angerührt, zu sich selbst zurück, und als sein Blick auf ein dichtes Nessel- und Dornengestrüpp in der Nähe fiel, warf er sein Gewand ab und stürzte sich nackt in die spitzen Dornen und brennenden Nesseln. Lange wälzte er sich zwischen ihnen, ehe er sich, wund am ganzen Körper, erhob. Durch die Wunden, die er seiner Haut zufügte, befreite er seine Seele von ihrer Verwundung, weil er Lust in Schmerz verwandelte. Und das äußere Brennen, das er in Bußgesinnung ertrug, erstickte die ‚brennende Leidenschaft', die ihn nicht hätte ergreifen dürfen. So blieb er Sieger in der Versuchung, indem er das Feuer umwandelte.(44)

Das scheint auf den ersten Blick eine masochistische Reaktion zu sein. Benedikt quält sich selbst und verwandelt Lust in Schmerz. Ist das denn nicht pervers? Doch schauen wir erst einmal genau hin. Gregor sagt, Benedikt habe zu sich selbst zurückgefunden. Die Faszination durch die Frau hat ihn sich selbst entrückt. Er war nicht mehr er selbst, sondern nur noch beherrscht vom Bild der anima. Nun spürt er sich selbst wieder, ist wieder bei sich. Aber wie soll er nun umgehen mit der Faszination, die in ihm brennt wie ein Feuer? Er agiert sie symbolisch aus. Er zieht sein Gewand aus. Er stellt sich seiner Nacktheit, seinem Leib. Er erkennt sein Bedürfnis an. Er nimmt seinen Leib ernst. Indem er sich in den Nesseln und Dornen wälzt, tötet er sich selbst nicht ab, er schneidet auch seine Sexualität nicht aus sich heraus, sondern er wandelt das Feuer um, wie Gregor treffend sagt.

Er nimmt den Schmerz an, den die Liebe zur Frau mit sich bringt. Und damit stellt er sich der Wirklichkeit der Frau. Er flüchtet sich nicht in Scheinbilder, die er narzistisch genießen könnte, sondern er hält die Wahrheit aus. Und die tut weh. Denn es gibt keine Liebe ohne Schmerz. Indem Benedikt den Schmerz in seiner leidenschaftlichen Liebe ausdrückt und symbolisch ausagiert, wandelt er das Feuer um, leitet er die libido um und integriert sie in seine Gesamtpersönlichkeit. Das ist für Jung der Weg von der Projektion zur Integration. Und dieser Weg führt auch nach Jung immer über die Erfahrung von Schmerz. Wer nicht durch die Hölle seiner Leidenschaften gegangen ist, der hat sie auch nie überwunden.[13] Er hat sie höchstens unterdrückt. Benedikt geht durch den Schmerz seiner Leidenschaften hindurch und kann sie dadurch umwandeln. Er kann die Lebendigkeit, die in seiner leidenschaftlichen Liebe steckt, für sich gewinnen und in seine Beziehung zu Gott und in seinen Umgang mit den Menschen einfließen lassen. So wird er durch die Begegnung mit der anima befruchtet und innerlich erneuert. In ihm brennt nun eine Glut, an der sich auch andere wärmen können. Die Glut verbrennt ihn nicht mehr, sondern sie erfüllt ihn mit Lebendigkeit und Liebe, die für die Menschen spürbar wird.

Nach Jung könnte man diese Szene aber auch noch anders interpretieren und zwar als eine Form von hieros gamos, von hl. Hochzeit. Jung sieht im Kreuzestod Jesu eine Darstellung der hl. Hochzeit zwischen dem Sohn und der Mutter. Das Kreuz als Baum ist ein mütterliches Symbol:

Der Held hängt sich sozusagen in die Zweige des mütterlichen Baumes, indem er an die Kreuzesarme geheftet wird. Er vereinigt sich sozusagen im Tode mit der Mutter, und zugleich verneint er den Akt der Vereinigung und bezahlt seine Schuld mit der Todesqual. Durch diese Tat größten Mutes und größter Entsagung wird die Tiernatur am mächtigsten unterdrückt, weshalb ein größeres Heil für die Menschheit daraus zu erwarten ist ... Das Opfer bedeutet eben gerade keine Regression, sondern eine geglückte Überleitung der

Libido auf das symbolische Äquivalent der Mutter, und damit auf einen geistigen Tatbestand.[14]

Wenn wir die Szene bei Gregor mit diesem Text Jungs vergleichen, dann könnten wir sagen: Benedikt vereinigt sich hier mit der Mutter auf geistige Weise. Das Dornengestrüpp ist ein Bild für die Mutter. Die Vereinigung mit ihr geht jedoch wie beim Kreuzestod Jesu über das Leiden und über das Opfer. Ziel dieser Vereinigung mit der Mutter ist nach Jung die Todüberwindung und Lebenserneuerung. Die hl. Hochzeit, die Vereinigung des männlichen Bewußtseins mit dem weiblichen Unbewußten, ist für Jung ein wesentlicher Schritt auf dem Weg der Menschwerdung. Jung zitiert Augustinus, der den Tod Jesu am Kreuz in diesem Sinne interpretiert:

> Gleichsam als ein Bräutigam ging Christus aus seiner Kammer hervor, er ging mit der Vorherverkündigung seiner Hochzeit in das Feld der Welt hinaus. Er gelangte bis zum Bette des Kreuzes, und da hat er, indem er hinaufstieg, die Ehe bestätigt.[15]

Für Jung ist es nicht pervers, daß diese Vereinigung mit der anima sich unter Schmerzen vollzieht. Das ist für ihn ein Zeichen, daß die Triebhaftigkeit überwunden wird und der Mensch auf einer neuen Ebene eins werden kann mit der Mutter, die ihn neu gebiert, und mit der anima, die ihn beseelt, in ihm ein neues Feuer, eine neue Lebendigkeit entfacht. Benedikt hat das Feuer, das die Frau in ihm wachrief, umgewandelt, so daß es ihn lebendiger machte, fähig, nun mit anderen Menschen nicht mehr nur auf männliche, sondern auf frauliche und mütterliche Art umzugehen. Seine Sexualität wurde in dieser Begegnung mit der Frau nicht unterdrückt, sondern verwandelt, sie floß in seine Art ein, wie er Gott erlebte und den Menschen begegnete. Seine Gottesliebe war nicht fleischlos und kraftlos wie bei manchen Frommen. Die integrierte Sexualität intensivierte seine Gottesbeziehung und verlebendigte seinen Umgang mit den Menschen.

6. Geistliche Vaterschaft

Als Benedikt seine anima integriert hat, da verlassen auf einmal viele junge Menschen die Welt und schließen sich ihm an. Er wird ihr geistlicher Vater und Seelenführer. Gregor zieht zur Beschreibung von Benedikts Seelenführung eine Stelle aus dem Buch Numeri heran, in der Mose vorschreibt, „daß die Leviten von 25 Jahren aufwärts dienen müssen, vom 50. Jahr an aber Hüter der hl. Gefäße sein dürfen."(46) Die hl. Gefäße sind die Herzen der Gläubigen. Hl. Gefäß ist ein weibliches Symbol. Benedikts geistliche Vaterschaft ist daher zugleich Mutterschaft. Das zeigt das andere Bild, das Gregor benutzt:

> Der Gottesmann brachte die in ihm angelegte Tugend zu reicher Frucht, einem Acker gleich, der von Dornen befreit und wohlbestellt ist.(46)

Der Acker, der makellose Frucht trägt, wird auch auf Maria bezogen. Der Acker ist ein weibliches Bild, Bild der Mutter, die aus ihrem Schoß gebiert.

Weil Benedikt der Faszination der Frau nicht erlegen ist, sondern das Bild der Frau und die Glut, die das Bild in ihm hervorgerufen hat, umgewandelt und die anima in sich integriert hat, deshalb kann er jetzt Vater und Mutter zugleich werden für viele junge Menschen, die bei ihm Führung suchen. Seine Vater- und Mutterschaft basiert dabei weniger auf Befehl und Gehorsam, sondern im Hüten der hl. Gefäße, im Achtgeben auf das, was in den Herzen der Menschen an Fähigkeiten und Möglichkeiten steckt, und im Heranreifenlassen dessen, was Gott jedem einzelnen an Gaben geschenkt hat. Es ist eine sehr mütterliche Eigenschaft, die Herzen der jungen Menschen wie hl. Gefäße zu hüten, damit in ihnen ihr eigentliches Leben wachsen und gedeihen kann. Und Gregor vergleicht Benedikt selbst mit einem Acker, der Frucht trägt, also mit einer Mutter, die ihre Kinder gebiert. In der Begleitung und Leitung der jungen Menschen bringt Benedikt gleichsam neue Menschen zur Welt, läßt er in ihnen Neues wachsen und bringt sie zu ihrer eigentlichen Gestalt. Er ist wie eine Hebamme, die bei der Geburt der Kinder hilft.

7. Scheitern der ersten Führung

Nicht weit weg lag ein Kloster, dessen Abt gerade gestorben war. Die ganze Gemeinschaft kam nun zum heiligen Benedikt und bat ihn inständig, ihr Leiter zu werden. Er weigerte sich, hielt sie damit lange hin und sagte voraus, daß ihre Lebensweise nicht mit der seinen zusammenpassen werde. Doch schließlich ließ er sich von ihren Bitten erweichen und gab seine Zustimmung.(47)

Doch in der Leitung dieses Klosters scheitert Benedikt. Er verlangt strenge Zucht und ruft dadurch bei den Mönchen, die es mit der Regel nicht so genau nehmen, Widerstand, ja Haß hervor. Und sie schmieden gegen ihn einen Mordplan. Sie wollen ihn mit einem Glas Wein vergiften. Doch Benedikt segnet das Glas und es zerbricht. Da erkennt er, daß es einen Todestrunk enthalten hatte:

Er stand sogleich auf und sagte mit freundlichem Gesicht und in aller Gelassenheit zu den versammelten Brüdern: „Der allmächtige Gott erbarme sich euer, Brüder, warum habt ihr mir das antun wollen? Habe ich euch nicht schon vorher gesagt, daß eure Lebensweise mit der meinen nicht zusammenstimmen würde?

Geht und sucht euch einen Abt, der zu euren Sitten paßt! Denn mich könnt ihr, nachdem was geschehen ist, auf keinen Fall mehr haben."(48)

War es nur die Schuld der sittenlosen Mönche, daß Benedikt mit seiner Führung scheiterte, oder lag es auch an ihm? War er zu streng? Fehlte ihm die Eigenschaft, die er selbst in seiner Regel vom Abt verlangt, daß er sich auf den einzelnen einstellen müsse, daß er es beim einen mit Strenge, beim andern mit väterlicher Güte versuchen solle, daß er allen gerecht werde? Fehlt ihm die discretio, die er dem Abt so sehr ans Herz legt? Sicher stößt Benedikt hier an seine eigenen Grenzen. Er war noch nicht so weit, daß sein geistliches Leben auch ungeistige Menschen anstecken konnte. Seine Liebe war noch nicht so stark, daß sie selbst den Haß umzuwandeln vermochte. Aber vielleicht war gerade dieses Scheitern für Benedikt eine notwendige und heilsame Erfahrung. Er hat darin erfahren, daß in ihm noch mehr männliche Strenge als mütterliche Güte ist, und daß die Strenge im andern oft erbitterten Widerstand hervorrufen kann, der die Fronten verhärtet und ein gedeihliches Miteinander unmöglich macht. Er ruft in den anderen nur Gift hervor, ohne es heilen zu können. Er deckt die Fehler auf, ohne sie zu überwinden. Und so werden sie für ihn zur tödlichen Bedrohung.
Es ist gefährlich, zu früh andere zu führen. Man meint, man sei seinem Schatten schon begegnet. Doch der Umgang mit schwierigen Menschen ist dann ein notwendiger Test, wie weit man seinen Schatten wirklich angenommen hat. Benedikts Erfahrung bei den Mönchen in Vicovaro zeigt, daß ihn in der Bosheit der anderen sein eigener Schatten tödlich bedroht. So zieht er sich wieder zurück in die Höhle, in den Schutzraum des inneren Reifens:

Dann kehrte er in seine geliebte Einsamkeit zurück und wohnte ganz in sich selbst – allein – im Angesicht Gottes. (50)

8. Das Wohnen in sich selbst

Gregor gibt seinem Dialogpartner Petrus eine ausführliche Erklärung, was er mit dem Ausdruck meint: er wohnte in sich selbst. Er meint, in der Leitung der Brüder, die so anders waren als er, hätte er sich selbst überfordert, ja er hätte sich selbst verloren. Er hätte sein inneres Auge vom Licht der Kontemplation abgewandt (50) und damit den Kontakt zu sich verloren. Er wäre sich selbst entfremdet worden.

Denn jedesmal wenn wir durch gedankliche Beanspruchung allzu sehr außer uns geraten, bleiben wir zwar noch wir selbst, aber wir sind nicht mehr bei uns selbst, weil unsere Aufmerksamkeit abgelenkt ist und wir uns selbst aus dem Auge verloren haben. (50)

Benedikt hätte seine Kräfte überanstrengt, wenn er die schwierigen Brüder weiterhin geleitet hätte. Er war noch nicht in seiner eigenen Mitte. Er hatte noch nicht zu seinem Selbst gefunden. So hatten die Menschen eine zu große Wirkung auf ihn und beherrschten sein Denken. Wenn ich ganz bei mir wohne, wenn Gott selbst in mir wohnt, dann habe ich immer einen Ort in mir, den andere Menschen nicht erreichen können. Dann finde ich in allem Trubel doch einen inneren Abstand, dann falle ich auch durch schwierige Mitmenschen nicht aus meiner Mitte heraus. Doch weil Benedikt noch nicht so weit war, mußte er in einer Art Introversion sich ganz auf sich zurückziehen. Gregor beschreibt dieses Wohnen bei sich selbst so:

Unser heiliger Mann wohnte ganz in sich selbst, weil er allezeit wachsam auf sich achtete, sich selbst allezeit unter den Augen des Schöpfers sah, sich allezeit prüfte und sein inneres Auge nicht außerhalb seiner umherschweifen ließ.(50)

Benedikt lebte also ganz im Augenblick, ganz im Kontakt mit sich selbst. Er ließ sich nicht von Gedanken zu irgendwelchen geistigen Spaziergängen verleiten, sondern er blieb bei sich. Er prüfte seine Gedanken, ob sie gut oder schlecht wären, ob sie ihn gesund oder krank, ruhig oder unruhig machten. Er war Herr über sich selbst. Er war eins mit sich selbst, er war in sich gesammelt, frei von der Zerstreuung, die unser Ich oft in Stücke reißt und uns an tausend Dinge bindet. Und er lebte unter den Augen des Schöpfers, im Angesicht Gottes. Er war im Kontakt mit sich und zugleich mit Gott. Der Wandel in Gottes Gegenwart ermöglichte es ihm, ganz bewußt und ganz wach zu leben, im Einklang mit sich und mit Gott.

Gregor kennt zwei Weisen, aus sich selbst herausgeführt zu werden:

Entweder sinken wir durch unbeherrschte Gedanken unter unser eigentliches Ich oder wir werden durch die Gnade der Kontemplation über uns selbst hinausgehoben.(52)

Von Benedikt sagt er, daß er sich selbst unter sich gelassen hat, „wenn ihn die Glut der Kontemplation entrückte". Benedikt hat also offensichtlich auch immer wieder Erfahrungen der Kontemplation gemacht, in denen er sich selbst vergessen hat und ganz eins war mit Gott. Das Wohnen bei sich selbst dagegen meint mehr, daß er sich ausgehalten hat, daß er seine Gedanken und Gefühle beobachtet hat, daß er seinem Schatten begegnet ist: es war die Fortsetzung des Lebens in der Höhle, nun aber war die Höhle als Schutzraum verinnerlicht.

9. Erneuter Versuch geistlicher Führung

Benedikt ist in der Einsamkeit innerlich weiter gereift. Das merkt man an seiner Ausstrahlung. Nun kommen immer mehr junge Menschen auf ihn zu, um sich seiner Führung zu überlassen. Er gründet 12 Klöster mit jeweils 12 Mönchen und gibt jedem Kloster einen Abt als Vorsteher. Ob das historisch ist oder nicht, wird man kaum sagen können. Aber sicher ist die Zahl 12 ein Symbol für die Fülle des Menschen. Die Zahl 12 besteht aus 3 x 4, sie bezeichnet damit die Einheit von Gott und Mensch. Wie Jesus seine Kirche auf 12 Aposteln aufbaut, so baut Benedikt das Volk der Mönche, der im Geiste Neugeborenen, auf, indem er 12 Klöster gründet. Weil er in der Einsamkeit mit Gott eins geworden ist, kann er nun auch etwas von dieser Einheit weitergeben und den jungen Menschen vermitteln. Weil er neu geworden ist, entsteht um ihn herum neues Leben. Dabei können wir einen Unterschied zum ersten Versuch der geistlichen Leitung feststellen. Bei den Mönchen von Vicovaro führt Benedikt mit Strenge, er gibt Befehle und pocht auf die Einhaltung der Regel. Jetzt führt er durch sein Sein. Er gründet die Klöster und läßt die Mönche darin leben, ohne daß er sie unmittelbar führt. Nur einige bleiben bei ihm, aber auch sie führt er weniger durch Worte als durch sein Leben, durch seine Ausstrahlung:

Einige wenige Mönche behielt er bei sich, weil er glaubte, daß sie in seiner unmittelbaren Gegenwart mehr Förderung erfahren könnten.(53)

Neben den Mönchen kommen zu ihm nun auch Kinder, die ihm vornehme Römer anvertrauen, „damit er sie auf Gott hin erziehe“(53). Man traut Benedikt offensichtlich zu, daß er auch auf Kinder und Jugendliche einen positiven Einfluß ha-

be, daß sie in seiner Nähe neu geboren werden und ihren Weg finden. Benedikt ist also nicht nur Vater seiner Mönche, seine Vater- und Mutterschaft erstreckt sich auch auf andere Menschen, die er so erzieht, daß sie das Bild in sich entfalten, nach dem Gott sie geschaffen hat.
Wie Benedikt erzieht, das zeigt die Episode mit dem Mönch, der es beim Gebet nicht aushält und seine Gedanken in alle Richtungen schweifen läßt. Zunächst ermahnt er ihn. Doch das hält nur zwei Tage an. Benedikt sieht im Gebet,

wie ein kleiner schwarzer Knabe jenen Mönch, der nicht beim Gebet verweilen konnte, am Saum des Gewandes nach draußen zu ziehen versuchte.(54)

Der schwarze Knabe ist ein weit verbreitetes Bild für den Satan oder für einen Dämon. Psychologisch bedeutet es den infantilen Schatten, ein Bewußtsein, das im negativen Sinn infantil geblieben ist. Der Knabe sieht nicht gefährlich aus. Und doch zieht er den Mönch vom Gebet ab. Der Mönch kann es nicht bei sich aushalten, er muß immer mit etwas anderem beschäftigt sein. Benedikt durchschaut den Mönch. Er erkennt den Grund seines Fehlverhaltens. Da schlägt er den Mönch „wegen der Blindheit seines Herzens mit der Rute“ (54). Das heilt ihn. Benedikt öffnet ihm die Augen für seinen wirklichen Zustand. Erst wenn man die Blindheit abgestreift hat und mit wachen Augen seine Situation erkennt, kann man etwas ändern. Benedikt weiß, daß man nicht alle Fehler nur durch den guten Willen verbessern kann. Man muß die Mechanismen kennen, die einen beherrschen. Das Bild vom schwarzen Knaben beschreibt so einen Mechanismus, der den Mönch gefangenhält. Benedikt führt den Jungen zu sich selbst zurück, er traut ihm etwas zu und befreit ihn so aus der Abhängigkeit vom Dämon.

Wenn Gregor Benedikt immer wieder im Kampf mit den Dämonen zeigt, oder mit dem alten Feind (hostis antiquus), wie er ihn oft nennt, so will er damit sagen, daß Benedikt die Dämonen aus eigener Erfahrung kennt, daß er sie zuerst am eigenen Leib erfahren hat und so nun auch in seinen Mönchen entdecken und bekämpfen kann. Der Dämonenkampf spielt im alten Mönchtum eine wichtige Rolle.[17] Er ist das, was Jung den Kampf mit dem Drachen, die Auseinandersetzung mit dem Schatten nennt. Die Szenen, in denen Benedikt seine Mönche vor den Dämonen schützt, beschreiben immer auch die Erfahrung Benedikts mit sich selbst. Er hat selbst die Versuchung gespürt, auszuweichen, vor dem Gebet davonzulaufen und sich mit tausend Dingen zu beschäftigen. Aber er hat diese Versuchung überwunden. So ist er feinfühlig geworden für die Versuchungen seiner Mönche. Er projiziert nicht seine Fehler in die andern hinein, vielmehr erkennt er ihre Fehler, weil er den eigenen zuvor ehrlich begegnet ist.

Aber zugleich begegnet Benedikt auch im Verhalten seiner Mönche dem eigenen Schatten. Man meint oft, durch bloße Innenschau und ehrliche Selbstbeobachtung alles Dunkle in sich zu entdecken. Doch das ist ein Irrtum. Erst in der Begegnung mit andern erkenne ich in mir selbst manche dunkle Stelle. Jeder von uns hat blinde Flecken, die er auch in der Höhle der Selbsterkenntnis übersehen würde. Erst die Fehler der andern weisen uns auf diese blinden Flecken hin. Und gerade, wenn wir Verantwortung für andere übernehmen, werden wir in einer Weise mit uns selbst konfrontiert, wie sie uns keine noch so ehrliche Selbstanalyse vermitteln könnte. Indem die andern Gefühle und Emotionen in uns wach rufen, zeigen sie uns, wo wir uns noch nicht annehmen können, wo wir unserm Schatten noch nicht begegnet sind. Benedikt nimmt die Herausforderung an und stellt sich in der Leitung seiner Brüder dem eigenen Schatten.

10. Die Zeichen der Propheten

Gregor berichtet nun 5 Zeichen, die alle den Wundern der Propheten nachgebildet sind. Er will zeigen, daß Benedikt mit dem Geist aller Gerechten erfüllt war. Benedikt tut die gleichen Wunder die Mose, Elischa, Petrus, Elija und David. Es bringt uns wenig, wenn wir uns über die Historizität dieser Wunder streiten. Die Wunder sind nach außen projizierte Bilder der Seele Benedikts. Sie zeigen seinen inneren Zustand an. Benedikt sieht außen und erlebt außen, was in ihm selbst ist. Man sollte die Wundergeschichten lesen wie die Märchen, die ja auch in den äußeren Realitäten innere Wirklichkeiten beschreiben. Die Wunder der Propheten sind Zeichen der inneren Reife Benedikts. Das meint Gregor, wenn er sagt, daß Benedikt vom Geist aller Gerechten erfüllt war. Und diese Bilder sagen uns verschiedene Aspekte seiner Reife. Denn man kann das Innere eines Menschen nicht mit einem Begriff oder einem Bild allein adäquat zum Ausdruck bringen. Die Wunder als Bilder zeigen uns nicht nur den Zustand Benedikts, sondern sie geben uns an, wozu auch wir fähig sind. Es sind Bilder, in denen wir uns wie in einem Spiegel sehen können, archetypische Bilder, die in uns etwas hervorrufen, die in uns den Prozeß der Selbstwerdung in Gang setzen. Wenn wir die Bilder anschauen, kommen wir ein Stück weit dem näher, was sie bezeichnen. Wir entdecken in uns, wohin uns der Weg der Selbstwerdung führen möchte, und wir erkennen unsern inneren Zustand, der oft schon weiter ist, als wir es nach außen hin sehen. Die Zeichen der Propheten sind wie Traumbilder, die uns angeben, wo wir auf unserem Weg gerade stehen und welchen Schritt wir machen sollten.

Das erste Zeichen ist das des Mose. Wie Mose läßt Benedikt aus dem Felsen Wasser sprudeln. Die Felsenklüfte sind Zeichen für Härte und Unfruchtbarkeit. Doch Gott läßt durch Benedikt aus dem harten Gestein Wasser fließen. Benedikt zeigt seinen Mönchen, daß auch in ihrer Leere und Starre, in den unfruchtbaren Schluchten ihres Herzens, eine Quelle fließt, wenn sie nur auf Gott vertrauen. Sie müssen das Unwegsame und Abgründige ihres Herzens nur in Gottes Liebe hineinhalten, wie er selbst es im Gebet getan hat. Dann kann Gott auch in ihnen eine Quelle sprudeln lassen, die alles belebt und von der auch andere trinken können.

Das 2. Zeichen erinnert an das Wunder des Elischa. Benedikt übergibt einem Goten, der ins Kloster eingetreten ist, ein Eisengerät, damit er auf einem Platz neben dem Seeufer das Dornengesträuch aushaue. Der Gote geht voller Schwung an die Arbeit. Da löst sich das Eisen vom Handgriff und fällt in den See. Traurig geht der Gote zu Maurus und meldet ihm den Schaden. Benedikt eilt selbst an den See,

nahm dem Goten den Griff aus der Hand und hielt ihn in den See. Alsbald kam das Eisen aus der Tiefe zurück und fügte sich dem Griff wieder ein. Sogleich gab der Gottesmann dem Goten das Werkzeug zurück. „da, schau“ – sagte er zu ihm – „arbeite und sei nicht traurig.“(58)

Die Tiefe des Wassers ist für Benedikt nicht mehr gefährlich. Wasser ist Symbol für das Unbewußte. Das Unbewußte hat seinen verschlingenden Aspekt verloren. Was Benedikt in Händen hat, wird vom Unbewußten nicht mehr verschlungen. Das Unbewußte gibt vielmehr den Schatz, der auf seinem Grund liegt, wieder her. Benedikt hat das Unbewußte so integriert, daß er den Schatz auf seinem Grund heben kann, daß er aus ihm das hervorholen kann, was ihm zum Leben dient, womit er die Aufgaben des Tages bewältigen kann.

Dem Goten hatte das Wasser seine Kraft geraubt. Das Eisen, mit dem er arbeiten konnte, wurde von der Tiefe des Wassers verschlungen. Der Gote wird von der verschlingenden Wirkung des Unbewußten überrascht. Das erfahren heute viele Menschen, die mit voller Kraft gearbeitet haben und auf einmal nicht mehr können, weil sie von Gefühlen überschwemmt werden, weil auf einmal Ängste in ihnen auftauchen, die sie nie gekannt haben. Benedikt kann mit dem Unbewußten umgehen. Er entreißt das Eisen des Goten und damit seine Kraft dem Wasser und befähigt ihn wieder zum Leben: „arbeite und sei nicht traurig." In diesem Wort wird Benedikts positive Sicht der Arbeit deutlich. Die Arbeit befreit von Traurigkeit. Sie ist eine Wohltat für den Menschen. In ihr kann er aus sich herausgehen, die Welt gestalten, den Menschen dienen, etwas Sinnvolles schaffen, wie den Garten, den der Gote mit seinem Werkzeug anlegen soll. „Arbeite und sei nicht traurig" – dieses Wort steht auch heute noch oft über den Arbeitsbereichen der Mönche und läßt sie zufrieden und froh an die Arbeit gehen. Es könnte gerade auch für depressive Menschen eine Hilfe sein, aus dem Loch ihrer Traurigkeit heraus zu kommen. Mich einfach der Arbeit überlassen, die mir ein anderer aufträgt, das befreit von einem unfruchtbaren Kreisen um mich selbst, von Selbstmitleid und ständigem Grübeln.

Als Plazidus beim Wasserschöpfen in den See fällt, befiehlt Benedikt seinem Schüler Maurus, ihm zu Hilfe zu kommen. Im Gehorsam läuft Maurus über den See, bis er den Knaben an den Haaren herauszieht.

> Sobald er festen Boden unter den Füßen hatte, kam er zu sich und blickte zurück. Da erkannte er, daß er über das Wasser gelaufen war, und er erbebte vor Staunen darüber, daß geschehen war, was er sich im voraus nicht hätte vorstellen können.(60)

Dieses Wunder weist auf den Seewandel des Petrus hin. Es ist ein Bild für die Überwindung der Angst vor dem Bedrohenden und Verschlingenden des Wassers. Wer dem Wort Gottes traut und ihm gehorcht, der kann sicher über alle Wellen und Stürme des Lebens schreiten. Er wird nicht untergehen in den Fluten der Angst, in den Wogen der Gefahr. Er findet in Gott einen Halt und eine Geborgenheit, aus der ihn keine noch so starke Strömung herausreißen kann.

Der Priester Florentius gönnt Benedikt nicht, daß so viele Mönche zu ihm kommen und ein geistliches Leben beginnen. So sendet er ihm vergiftetes Brot, „so als sei es ein restliches Segensbrot von der Feier der Eucharistie“(64). Benedikt erkennt, daß Gift im Brot ist. Er befiehlt dem Raben, der täglich zu ihm kommt, um aus seiner Hand Brot zu empfangen, er solle das vergiftete Brot nehmen und es an einen Ort werfen, an dem es keiner finden kann. Nach einigem Zögern gehorcht der Rabe. Dieses Bild, das an den Propheten Elija erinnert, zeigt, daß die Tiere Benedikt zu Hilfe kommen und ihn vor dem Gift bewahren. Die Tiere sind Symbole für den Instinkt und für die Kräfte, die in unseren Trieben stecken. Sie verkörpern eine instinkthafte Vernunft, die unserem Intellekt oft überlegen ist, eine Art unbewußter Weisheit der Seele, die uns vor Schaden bewahrt. Benedikt hat seine tierische Natur nicht vernichtet, sondern angenommen und umgewandelt. Nun kommt sie ihm zu Hilfe. Die Einheit mit seinen Trieben, mit seinem Instinkt, bewahrt ihn vor dem Gift, das der Geist oft in sich aufnimmt, ohne daß er es merkt. Sie zeigt ihm, was für ihn schädlich ist. Und die Instinktseite in ihm schafft das, was ihm schaden kann, weit weg. Das Bild vom Raben, der dem Befehl Benedikts gehorcht, zeigt noch etwas anderes. Wer wie Benedikt eins mit sich und mit seiner tierischen Natur geworden ist, der ist auch eins mit der Natur, er lebt im Frieden mit der Natur, dem kommt die Natur zu Hilfe, der hat eine innere Verbindung zu ihr. Er versteht sie und sie versteht ihn. Weil er sich mit der Natur in seinem Innern ausgesöhnt hat, mit der Instinktseite, mit seinem Leib, lebt er auch ausgesöhnt und im Einklang mit der äußeren Natur.

Und noch etwas sagt das Bild vom Raben. Oft ist der Rabe Symbol für das Böse. Hier jedoch ist er als Freund Benedikts dargestellt, der ihm die Freundschaft mit einem hilfreichen Dienst vergilt. In den Märchen haben die Tiere auch oft eine ambivalente Funktion. Wer sich auf sie einläßt, sich ihnen anvertraut, sie nicht gleich totschießen will,[18] den führen sie den richtigen Weg, dem zeigen sie oft Möglichkeiten, die dem Verstand nicht eingefallen wären. Sie zeigen eine Lebensklugheit jenseits der Verstandeslogik. Ob das Tier gut oder böse, hilfreich oder feindlich ist, liegt an der Einstellung des Menschen zu ihm. Auch das Böse und Dunkle kann dem Menschen hilfreich werden, wenn er sich damit ausgesöhnt hat. Dann kann Margarethe auf dem Drachen reiten, Franziskus mit dem Wolf sprechen und Benedikt sich vom Raben das vergiftete Brot wegschaffen lassen.

Der Priester Florentius schickt nach diesem Mißerfolg sieben nackte Mädchen in den Garten Benedikts, damit sie dort vor den Augen der Schüler tanzen und spielen. Benedikt fürchtet um seine noch ungefestigten Schüler und verläßt mit ihnen Subiaco, um sich einen anderen Ort für sein Kloster zu suchen. Florentius bricht über den Fortgang Benedikts so in Jubel aus, daß der Söller, auf dem er steht, herabstürzt und ihn zermalmt. Maurus eilt Benedikt nach und überbringt ihm die freudige Nachricht vom Tode seines Feindes. Doch Benedikt kann sich wie David nicht am Tod seines Feindes freuen. Im Gegenteil, er trauert um Florentius und darüber, daß sein Schüler Freude empfindet. Benedikt ist mit sich versöhnt und darum kann er keinen Haß empfinden, selbst gegenüber seinem Feind. Er weicht dem Haß nur, weil er spürt, daß der Haß den Priester zu immer neuen Taten treiben würde, bis er sich als Sieger fühlen könnte. Und er weicht, weil er sieht, daß der Priester seine Schüler verderben möchte. Der Versuchung der Dirne muß man weichen, da kann man nicht integrieren. Oder man muß so in sich gefestigt sein, daß die Dirne einen nicht mehr anficht. Doch das gilt nur für Benedikt, nicht aber für seine Schüler.
Benedikt ist traurig über den Tod des Feindes, aber sicher trauerte er schon vorher darüber, daß ein Mensch sich überhaupt so in Haß hineinsteigern konnte. Er erwidert den Haß nicht, sondern er macht ihn zunächst unschädlich, indem er das Gift wegschafft, dann weicht er ihm aus, um ihn nicht noch mehr zu entfachen. Aber er bleibt mit sich und auch mit seinem Feind versöhnt. Er verurteilt nicht und bekämpft seinen Feind nicht. Er hofft für ihn, daß er aufhört, gegen sich selbst zu wüten, und daß er wieder in Einklang kommt mit seinem eigenen Herzen.

11. Der alte Feind am neuen Ort

Als der Heilige in eine andere Gegend zog, wechselte er zwar den Ort, nicht aber den Feind. Er mußte nämlich später um so härtere Kämpfe bestehen, als er den Meister der Bosheit selbst offen gegen sich streiten fand. (68)

Man kann sich selbst nicht davonlaufen. Man wird überall mit sich und seinen alten Problemen konfrontiert. Und auch am neuen Ort wird einem der alte Feind begegnen, der einen hindern will, sich frei zu entfalten. In Monte Cassino, seiner neuen Wirkungsstätte, tritt der alte Feind Benedikt offen entgegen.

Doch bevor Gregor den Kampf mit den Dämonen beschreibt, schildert er die neue Wirkungsstätte Benedikts:

Ein Kastell mit Namen Casinum liegt am Abhang eines hohen Berges. Der Berg umschließt das Kastell in weitem Bogen, ragt aber 3 Meilen hoch auf und reicht mit seinem Gipfel gleichsam bis zum Himmel empor. (68).

Auch hier ist die Landschaft Symbol. Benedikt gründet sein Kloster auf einem hohen Berg, für alle sichtbar. Der Berg umschließt die Stadt. Er ist also Schutz für die Menschen. So soll Benedikts Kloster durch das Gebet die Menschen vor allem Unheil schützen. Aber gleichzeitig ragt das Kloster in den Himmel hinein. Im Kloster öffnet sich ein Fenster zum Himmel, nicht nur für die Mönche, sondern für alle, die sich ihrem Gebet anschließen.

Auf dem Berg waren bisher heidnische Heiligtümer, ein Tempel des Apollo und Haine, die den Dämonen geweiht waren. Benedikt zertrümmert das Götzenbild, läßt die Haine roden und macht aus dem Apollotempel eine Kirche zu Ehren des hl. Martin. Doch der heidnische Berg läßt sich nicht so leicht erobern. Die Dämonen treten ihm jetzt offen entgegen, nicht mehr nur im Traum, sondern in offener Erscheinung (aperta visione) und mit großem Geschrei, „in schreckenerregender, feuriger Gestalt" (69). Man möchte meinen, Benedikt habe in Subiaco längst seinen Schatten und seine anima angenommen. Aber damit ist man nie ganz zu Ende. Das Böse und Dunkle tritt in immer neuer Gestalt auf. Wir sind nie absolut sicher. Und wo viel Licht ist, wie hier auf dem Berg, da tritt der Schatten umso deutlicher hervor. Benedikt ist wachsam genug, die Dämonen zu erkennen und sich auf den Kampf mit ihnen einzulassen.

Den ersten Widerstand leisten die Dämonen, indem sie einen Stein, den die Mönche zum Bau ihres Klosters benötigen, so schwer machen, daß man ihn auch mit vereinten Kräften nicht aufheben kann. Benedikt spricht den Segen über den Stein und schon läßt er sich mit Leichtigkeit aufheben. Der Dämon legt uns äußere Hindernisse in den Weg, um uns zu entmutigen, um uns vom Bau unserer Lebensgestalt abzuhalten. Aber der Segen Gottes hebt die Hindernisse auf. Benedikt läßt unter dem Stein die Erde aufgraben. Da finden die Brüder ein Götzenbild aus Erz. Wenn wir bei dem, was uns blockiert, tiefer nachfragen, stoßen wir zuletzt oft auf einen Götzen, der uns nicht weiter bauen läßt, der unsere ganze Energie auf das Problem abzieht und uns dort nutzlos kämpfen läßt, anstatt nach den Ursachen zu forschen. Wir kommen nicht weiter, wir fühlen uns blockiert, weil wir etwas vergötzen, entweder einen Grundsatz, den wir zum unumstößlichen Prinzip erheben, oder einen Menschen, den wir anbeten, oder den Erfolg, für den wir alles opfern. Wenn wir an unserm Lebenshaus weiterbauen wollen, müssen wir erst den Götzen ausgraben, der auf dem Grund unserer Probleme sitzt und unsere Blockade verursacht. Nur wenn wir Gott anbeten, kann das Leben in uns fließen.

Die Brüder werfen das Götzenbild in die Küche. Da war es ihnen, als breche plötzlich ein Feuer aus, und es sah für alle Mönche so aus, als würde das ganze Küchengebäude von den Flammen verzehrt. (72)

Sie versuchen, es mit Wasser zu löschen, doch vergebens. Sie machen dabei großen Lärm, viel Lärm um nichts. Denn das Feuer ist nur Schein. Benedikt erkennt das sofort. Er betet und öffnet nun auch den Brüdern die Augen. Sie sehen die Küche unversehrt und erkennen, daß sie einem Trug zum Opfer gefallen sind. Die Brüder haben den Götzen nicht entlarvt, sondern nur weggeworfen. So hat sich das Problem nur verlagert. Der Götze zeigt sich als Feuer. Feuer ist ein Bild für die innere Leidenschaft, für Sexualität und Triebhaftigkeit. Bisher hatte die Leidenschaft die Brüder blockiert. Sie hatte alle Energie auf den Stein gezogen und sie dabei in Erfolglosigkeit und Starre getrieben. Jetzt zeigt sich der Grund dieser inneren Starre offen. Es ist die verdrängte Sexualität. Tritt sie offen auf, setzt sie die ganze Küche in Brand, und man gerät buchstäblich in des Teufels Küche. Küche, das ist der Teil des Hauses, der der Nahrung dient. Die Sexualität setzt den ganzen begehrlichen Teil des Menschen in Brand. In geistlichen Gemeinschaften begegnet man oft einer fruchtlosen Starre. Es fehlt die Lebendigkeit. Der Grund für das innere Blockiertsein ist oft die verdrängte Sexualität. Benedikt hat seine Sexualität mit ihrem Feuer umgewandelt. Er läßt sich nicht blockieren, sondern vermittelt mit seiner eigenen Lebendigkeit auch den Brüdern neues Leben.
Die 3. Attacke reitet der alte Feind durch die Brüder selbst. Sie bauen gerade eine Mauer. Der Dä-

mon läßt sie unvorsichtig arbeiten, so daß die Mauer einstürzt und einen jungen Mönch unter sich zermalmt. Offensichtlich haben die Mönche den Eindruck, sie seien jetzt doch schon weit im klösterlichen Leben fortgeschritten. Und voller Eifer gehen sie an die Arbeit. Es rührt sich etwas, die Mauer wächst und wächst. Sie lassen sich von der Erfolgswelle forttragen. Sie bauen und bauen. Sie sind stolz auf ihr Kloster, stolz auf ihre Gemeinschaft. Doch unversehens benützt der Dämon diese Haltung. Und die Wirkung ist tödlich. Unter den Steinen ihres Erfolges stirbt ein Mönch. Die Brüder haben vor lauter Bauen den Blick für den Bruder verloren und merken gar nicht, wie es für manche tödlich ist, wenn die Gemeinschaft nur in äußerer Arbeit aufgeht und in einer Euphorie über die wachsende Gemeinschaft alle Probleme mit einer rosaroten Brille übersieht.

„Tieftraurig und niedergeschlagen" kommen die Brüder zu Benedikt und bringen ihm in einem Mantel den Toten, dem die Steine sogar die Knochen zerquetscht haben: Bild für ihren eigenen Zustand. Sie haben sich nicht nur äußerlich, sondern auch innerlich verletzt mit ihrer Betriebsamkeit. Benedikt legt den Toten auf seine Matte, auf das Psiathium, auf dem er betet und meditiert. Er holt den toten Mönch aus dem Bereich der äußeren Hektik in den inneren Bereich des Gebetes und der Stille. Und da wird der Bruder wieder gesund. Unverletzt gibt er ihn den Brüdern zurück. Jetzt kann er mit ihnen auch äußerlich weiterarbeiten und die Mauer vollenden. Gebet und Meditation schützen ihn vor Hektik und Unvorsichtigkeit.

12. Die 12 Wunder des Erkennens

Die 12 Wunder des Erkennens scheinen Benedikt als einen strengen und unerbittlichen Mann zu beschreiben, der bei seinen Mönchen keine Regelwidrigkeit durchgehen läßt und der ihre Fehler und Übertretungen sieht, auch wenn sie weit weg von ihm geschehen. Doch auch hier ist zu bedenken, daß die Wunder nach außen verlagerte Bilder für seine Seele sind und somit seinen eigenen seelischen Zustand beschreiben. Was Benedikt außen erkennt, das hat er zuerst in sich selbst erkannt. Weil er in ehrlicher Selbsterkenntnis sich selbst begegnet ist und in sich wachsam seine Gedanken und Gefühle beobachtet hat, deshalb entdeckt er diese Gedanken und Wünsche auch sofort in seinen Schülern. Und im Umgang mit seinen Schülern erkennt er auch in sich selbst blinde Flecken, auf die er durch bloße Selbstbeobachtung nie gestoßen wäre.

Die Wunder des Erkennens zielen zunächst alle auf Fehlhaltungen. Gregor denkt dabei an die 8 Laster, mit denen das alte Mönchtum die Gefährdungen unseres Weges beschrieben hat. Die Mönche sprechen dabei entweder von den Gedanken der Laster, die uns von Gott abziehen, oder von den Dämonen, die uns diese Gedanken eingeben und uns so den Weg zu Gott verbauen wollen. In den Wundern des Erkennens begegnet Benedikt diesen Fehlhaltungen außen. Aber wir können diese Wunder auch als Begegnung mit seinem eigenen Schatten verstehen.

Brüder, die unterwegs sind, um einen Auftrag des Abtes auszuführen, kehren bei einer frommen Frau ein und lassen sich von ihr bewirten, obwohl das durch die Regel verboten ist. Zurückgekommen leugnen sie auf die Frage Benedikts, daß sie unterwegs gegessen haben. Doch

als ihnen Benedikt den Namen der Frau und die Reihenfolge der Speisen nennt, fühlen sie sich durchschaut. Es ist das Laster der Völlerei, das Benedikt in seinen Brüdern erkennt. Er erkennt es, nicht weil er mißtrauisch ist, sondern weil er sich selbst genau kennt. In seiner Höhle hat er sich nur vom Brot des Romanus ernährt und dabei erfahren, wie man schnell dazu bereit ist, den aufkommenden Hunger und die Sehnsucht, die sich darin äußert, zuzustopfen, um das Angewiesensein auf Gott und die eigene Leere nicht zu spüren. Um dieses Thema geht es auch beim 2. Wunder. Ein frommer Mann, der jährlich zum Kloster pilgerte und dabei immer fastete, wird unterwegs von einem Wanderer überredet, doch zu essen. Im Wanderer versucht ihn der böse Feind, um ihn dorthin zu bringen „wohin er dich haben wollte“ (79). Die Übertretung der eigenen Gewohnheit scheint harmlos zu sein. Und doch erkennt Benedikt, daß der Pilger nicht mehr er selbst ist, daß er einem andern folgt und sich von ihm seine Art aufdrängen läßt. Das Essen hat seine innere Wachsamkeit getrübt.
König Totila will Benedikt prüfen, ob er die Gabe der Weissagung habe. Er läßt den Waffenträger seine Kleider anziehen und vor Benedikt erscheinen. Doch Benedikt erkennt sofort das Spiel und ruft ihm zu: „Leg ab, mein Sohn, leg ab, was du trägst; es steht dir nicht zu.“ Benedikt erkennt das Wesen eines Menschen, das sich oft hinter einer Fassade verbirgt. Wir sind häufig in Gefahr, uns aufzuplustern, uns etwas anzulegen, was uns nicht zusteht, größer zu erscheinen, als wir sind. Es ist das Laster der Ruhmsucht, das uns dazu treibt, uns nach außen hin für einen König auszugeben. Benedikt kennt diese Versuchung bei sich selbst und daher durchschaut er sie auch bei den Menschen. In seiner Gegenwart kann man sich

nicht verstellen. Weil er in sich lauter ist, wird jemand in seiner Gegenwart auch lauter. Er erkennt sich in ihm wie in einem Spiegel und gibt das falsche Spiel auf. In seiner Nähe findet er zu seiner eigenen Wahrheit.
Als Totila selbst zu Benedikt kommt, fällt der stolze König vor ihm nieder. Benedikt hebt ihn auf, hält ihm seine Taten vor und sagt ihm seine Zukunft voraus:

„Du tust viel Böses, und du hast viel Böses getan. Laß endlich ab von deiner Bosheit! In Rom wirst du einziehen, über's Meer wirst du fahren und neun Jahre lang herrschen, im zehnten Jahr wirst du sterben." Was er da hören mußte, erfüllte den König mit Schrecken; er erbat seinen Segen, zog sich zurück und zeigte sich von Stund an weniger grausam. (82)

Benedikt durchschaut den König und er sieht, wohin sein Treiben führt. Er spürt, wie sein Schicksal ausgehen wird. Aber zugleich mit seinem Blick für die Wahrheit strahlt er etwas aus, das den König verändert. Der zeigt sich von jetzt an weniger grausam. Man kann offensichtlich nicht an Benedikt vorbei, ohne sich selbst zu erkennen in seiner Bosheit und ohne sich zu bessern. Die Begegnung mit Benedikt ruft im andern etwas Positives hervor und fördert in ihm seine guten Seiten.
Ähnlich sieht Benedikt das Schicksal Roms voraus. Auch hier ist es nicht bloß ein äußeres Schicksal, sondern die Konsequenz aus dem Leben und Treiben der Stadt:

Rom wird nicht durch die Barbaren vernichtet; es wird vielmehr – durch Unwetter, Blitze und Stürme und auch durch Erdbeben erschüttert – in sich zusammenfallen. (82)

Blitze und Stürme und Erdbeben meinen nicht rein äußerliche Vorkommnisse, sondern ein inneres Geschehen. Sie beschreiben Emotionen wie Zorn und Haß. Die Stürme und Blitze in den Menschen und zwischen ihnen führen zum Zusammenbruch der Stadt. Was Benedikt bei seinem Studium in Rom gesehen und gespürt hat, das muß irgendwann einmal in sich zusammenfallen, das hat keinen Halt, das läßt die Gemeinschaft einer Stadt in sich zusammenbrechen. Man könnte aus den beiden Weissagungen sehen, wohin das Laster des Zornes und Hasses führt. Es zerstört einen Menschen und eine Gesellschaft und liefert sie dem Untergang aus.

Ein Kleriker, der vom bösen Geist besessen ist, wird zu Benedikt geführt. Der treibt den wirren Geist aus. Aber er gibt dem Geheilten den Auftrag:

Geh und iß von jetzt an kein Fleisch mehr, und wage es nie, eine höhere Weihe zu empfangen. Wenn du sie empfängst, entweihst du sie, und von dem Tag an wird der Teufel wieder Macht über dich haben. (84)

Doch der Priester hält sich nicht daran und läßt sich nach einigen Jahren doch weihen. Sofort wird er wieder vom Teufel gepeinigt, bis er schließlich stirbt. Benedikt hat offensichtlich die Grenze dieses Menschen erkannt. Doch der Kleriker will seine Grenze selber nicht anerkennen. Er will die höhere Weihe, um sein Selbstwertgefühl zu heben. Er mißbraucht die Weihe für sich selbst. Es ist das Laster des Stolzes, das einen dahin bringt, höher hinauszuwollen, als einem gut tut. Der Demütige erkennt seine Grenze an. Und es dürfte zugleich das Laster der Unzucht angesprochen sein in der Bemerkung, er solle kein Fleisch mehr essen. Das war für die Mönche eine entscheidende Hilfe im Umgang mit ihrer Sexualität. Wer viel Fleisch ißt, wird vom Dämon der Unzucht heimgesucht. Worin die Besessenheit des Klerikers besteht, wird nicht gesagt. Aber oft hat Besessenheit etwas damit zu tun, daß durch

Verdrängung ein Affekt zu einem autonomen Komplex wird, der einen beherrscht. Und gerade die Verdrängung der Sexualität führt oft zu fixen Ideen und Komplexen, die einen völlig im Griff haben. Der Kleriker sollte seine Sexualität anerkennen und zugleich die Grenze, die sie ihm weist. Er soll nicht höher hinaus, als ihm seine Veranlagung erlaubt. Doch in seinem Stolz will er das nicht wahrhaben und so gerät er völlig in den Sog der Besessenheit.

Gregor begründet die Gabe Benedikts, das Schicksal eines Menschen vorauszusehen, mit seiner Einheit mit Gott:

Warum sollte er die geheimen Ratschlüsse nicht kennen, da er doch die Gebote Gottes hielt? Es steht ja geschrieben: Wer dem Herrn anhängt, der ist ein Geist mit ihm. (84)

Die Einheit mit Gott befähigt Benedikt, den Menschen zu durchschauen und zu erkennen, was aus ihm werden wird.

Eines Tages findet der Mönch Theopropos Benedikt weinend und tieftraurig in seiner Zelle. Auf die Frage nach dem Grund seiner Traurigkeit antwortet Benedikt:

Dies ganze Kloster, das ich aufgebaut habe, und alles, was ich für die Brüder eingerichtet habe, wird durch den Ratschluß des allmächtigen Gottes den Heiden ausgeliefert. Kaum habe ich erreichen können, daß die Mönche, die hier wohnen, überleben werden. (88)

Benedikt sieht voraus, daß der ganze Besitz, den er geschaffen hat, vernichtet wird. Es wird ihm alles aus den Händen genommen. Nur die Mönche und seine Regel werden überleben. Hier ist das Laster der Traurigkeit angesprochen. Wenn uns etwas, an dem wir hängen, aus den Händen gerissen wird, reagieren wir traurig. Und wir überwinden die Traurigkeit nur, wenn wir unsere Wünsche und Bedürfnisse loslassen, wenn wir alles, was wir geschaffen haben, Gott übergeben, im Vertrauen, daß er alles recht macht. Wir müssen unseren Besitz und unseren Erfolg loslassen, um unser Leben zu gewinnen.

Um das Laster der Habsucht geht es in der nächsten Geschichte. Ein Mann wird zu Benedikt geschickt, um ihm 2 Weinfässer abzuliefern. Doch er versteckt das eine unterwegs. Benedikt durchschaut ihn und ermahnt ihn: „Gib acht, mein Sohn, und trink nicht aus dem Fäßchen, das du versteckt hast." (90) Als er das Faß aufhebt, kriecht eine Schlange heraus. Sie zeigt ihm, daß das scheinbar harmlose Tun doch vom Bösen stammt. Die Habsucht kann einen beherrschen und unfrei machen. Benedikt zeigt dem Mann, wohin seine Habsucht führt. Sie könnte ihn wie eine Schlange tödlich beißen und ganz in ihre Gewalt bringen.

Ein Bruder wird zu gottgeweihten Frauen geschickt, um ihnen geistlichen Zuspruch zu geben. Auf Bitten der Frauen nimmt er Taschentücher von ihnen an und verbirgt sie an seiner Brust.

Kaum war er zurückgekehrt, machte ihm der Gottesmann bittere Vorwürfe und sagt: Wie ist das Unrecht an deine Brust gekommen? (92)

Die Erinnerung an die Frauen hat der Bruder an seine Brust genommen, offensichtlich ein Bild für das Laster der Unzucht, auch wenn sie hier nicht sexuell beschrieben wird. Es ist nur die heimliche Versuchung, in der geistlichen Betreuung eine Frau an sich zu binden und von ihrer Zuwendung zu leben anstatt von der Zuwendung Gottes. Es ist nichts Schlimmes, was der Bruder da getan hat. Und doch durchschaut Benedikt, wie solch innere Unehrlichkeit einen Mönch immer mehr in Beschlag nehmen kann, bis er schließlich doch abhängig wird von einer Frau. Und viele Mönchsgeschichten beschreiben, wie schnell sich dann auch die Sexualität regen kann.

Ein anderer Bruder hält Benedikt bei Tisch die Lampe. Dabei steigen hochmütige Gedanken in ihm auf, was denn dieser Mann schon mehr wert sei als er, daß er ihm beim Essen leuchten solle. Benedikt erkennt, was der junge Mönch denkt, und tadelt ihn. Auch hier weiß Benedikt aus eigener Erfahrung, wie leicht solche Gedanken des Stolzes in einem aufsteigen können. Aber da er seine eigenen Gedanken beobachtet hat, entdeckt er sie sofort bei sich und bei anderen. Viele nehmen solche Gedanken gar nicht mehr wahr. Sie merken nicht, wie sie alles oft negativ kommentieren und andere heruntersetzen, um an die eigene Größe glauben zu können. In der Gegenwart Benedikts stoßen die Menschen auf ihre innersten Gedanken, da wird ihnen ihr geheimer Stolz aufgedeckt. Stolz ist für die Alten ein Laster des Geistes, das am schwierigsten zu bekämpfen ist, weil es oft unbemerkt auftaucht.

Einmal herrscht Hungersnot. Auch das Kloster hat kaum etwas zu essen. Die Brüder sind deshalb niedergedrückt und traurig. Benedikt tadelt sie und sagt: „Heute gibt es zwar recht wenig, morgen aber werdet ihr im Überfluß haben." (96) Und so geschieht es auch. Benedikt sieht mitten im Mangel schon die Fülle. Das bezieht sich sicher nicht bloß auf das Essen, sondern auf jede Situation. Benedikt steht über der Situation des Tages, weil er voraussieht, weil er sieht, wie mitten in unserer inneren Armseligkeit neues Leben aufblühen kann, wie mitten in der Kargheit sich das Leben in Fülle zeigen kann. Benedikt sieht die Situation nicht von seinen unerfüllten Bedürfnissen aus, sondern von Gottes Möglichkeiten. Das bewahrt ihn davor, in Selbstmitleid über die schlimme Lage zu versinken, und läßt ihn auf Gottes Möglichkeiten vertrauen.

Das letzte Wunder des Erkennens bezieht sich auf den Bauplan eines Klosters. Benedikt macht auf Wunsch eines frommen Mannes eine Neugründung, schickt Brüder hin, setzt einen Abt ein und verspricht ihm, an einem bestimmten Tag zu kommen und ihm den Bauplan zu zeigen. In der Nacht vor dem verabredeten Tag zeigt er dem Abt und seinem Stellvertreter im Traum den Plan. Doch beide glauben der Erscheinung nicht recht und warten weiter auf sein Kommen. Traurig kommen sie zu Benedikt und halten ihm vor, warum er nicht gekommen sei. Doch Benedikt antwortet:

Bin ich euch beiden etwa nicht im Traum erschienen und habe euch die einzelnen Plätze bezeichnet? Geht und errichtet den ganzen Bau des Klosters so, wie ihr es im Traum gesehen habt. (100)

Hier geht es einmal um die Vermittlung eines Planes an die Brüder mit Hilfe des Traumes. Benedikt ist auch über Entfernung hinweg geistig bei den Brüdern und steht ihnen bei, indem er ihnen seine Idee vermittelt, auch ohne Vorträge und persönliches Kommen, sondern mit Hilfe des Traumes. Benedikt ist in ihrem Unbewußten gegenwärtig, er ist ein innerer Meister geworden. Seine Führung hat sich so verinnerlicht, daß die Mönche im Hören auf sich selbst, auf den Meister in ihnen, das Richtige erkennen.

Aber es geht auch um das Bild des Bauplanes. Der Bauplan des Klosters ist ein Bild für die innere Struktur eines Menschen, für die Gestalt des vollkommenen und reifen Menschen. Benedikt sieht in seinem Innern das Bild eines Menschen, der zu sich selbst gefunden hat, bei dem alles in rechter Ordnung ist. Er sieht klar. Benedikt ist ein bauender Mensch, hat W. Nigg gesagt. Das gilt nicht von den vielen Bauten, die er und seine Mönche nach ihm errichtet haben, sondern von seiner inneren Struktur. Benedikt ist ein aufbauender Mensch. Er verbreitet Hoffnung und Zuversicht. Und er vermittelt einen Plan für den Bau des inneren Menschen. In der Begegnung mit ihm entdecken die Menschen ihre eigene Struktur, nach der sie geformt sind, und die sie in sich zu reiner Klarheit bringen sollen. Die Menschen sollen durchlässig werden für ihre innere Struktur. Der Bauplan, den Benedikt den Brüdern im Traum vermittelt, ist letztlich das Sichtbarmachen des Bildes, das Gott in jeden hineingelegt hat.

Und Gregor will mit dieser Geschichte zeigen, daß ein Mensch den Entwurf seines Lebens nicht nur mit dem Verstand findet, sondern oft im Hören auf das Unbewußte. Der Traum hat eine komplementäre Funktion, d. h. er ergänzt die Sichtweise des Bewußtseins, er weist auf Aspekte des Lebens hin, die man mit dem Verstand nicht sieht, weil unsere Ratio immer nur einseitig wahrnehmen kann. Der Traum zeigt mir, wo ich gerade stehe, er deutet mir meine Situation. Und er zeigt mir den Weg, auf dem ich weitergehen soll. Er zeigt mir den Plan, nach dem ich vorgehen soll, um in meine innere Ordnung zu kommen, um ein Mensch nach Gottes Bild zu werden.

13. Die 12 Wunder der Tat

Die 12 Wunder der Tat zeigen, daß Benedikt nicht nur selbst zu dem Bild gefunden hat, das er von Gott empfangen hat, sondern daß dieses Bild nun auch nach außen hin strahlt. Die innere Entwicklung bringt im Äußeren Früchte. Benedikt gestaltet die Außenwelt. Er schafft um sich herum eine Atmosphäre des Heils. Seine Wunder der Tat sind nicht mehr Bilder für den inneren Zustand, sondern Bilder des Heils, das er nun in der Welt stiftet. Die Herrschaft, die Benedikt über sich selbst errungen hat, zeigt sich in seinen Wundern auch nach außen. Um ihn herum wird ein Stück Welt heiler, Menschen werden gesund, die Umwelt kommt in ihre Ordnung und die Strukturen der Gesellschaft werden gerechter. Benedikt, der in sich ruhende Mönch, bleibt nicht bei sich und seiner Selbstwerdung stehen, sondern bezieht die Welt und die Menschen mit ein. Sein Heil kommt in der Heilung von Welt und Menschen zur Vollendung. Sein Sichzurückziehen aus der Welt hat ihn nicht der Welt enthoben, sondern ihn auf neue Weise der Welt zurückgeschenkt, damit er die Welt nun gestalte und heile.

Mit dem 1. Wunder der Tat will Gregor zeigen, welche Kraft seine Worte haben. Seine Worte bewirken etwas im andern. Wenn Benedikt jemanden mahnt, so sind das keine leeren Worte, sondern sie beschreiben, was im anderen geschehen wird, wenn er der Mahnung nicht folgt. So mahnt Benedikt zwei gottgeweihte Frauen, die ein geistliches Leben führen, durch ihre lockere Zunge aber einen frommen Mann, der ihnen den Lebensunterhalt besorgt, oft verletzen und bis zum Zorn reizen, sie sollen ihre Zunge beherrschen, sonst werde er sie exkommunizieren. Die Frauen sterben bald darauf, ohne sich zu bessern. In der Kirche sieht nun ihre Amme, daß jedesmal, wenn der Diakon ruft: ‚Wer nicht kommuniziert, räume seinen Platz!', die beiden Frauen aus ihren Gräbern hervorkommen und die Kirche verlassen. Die Amme geht zu Benedikt. Er gibt ihr eine Opfergabe, daß sie sie für die beiden Frauen darbringe: „Dann werden sie nicht mehr aus der Gemeinde ausgeschlossen sein." (104) Und so geschieht es.

Sein erstes Wort stellt fest, in welchem Zustand die beiden Frauen sind, daß sie sich durch ihr Reden selbst vom Heil ausgeschlossen haben. Im zweiten Wort befreit sie Benedikt aus ihrer Isolation, aus der Herrschaft des Bösen, und schenkt ihnen die Gemeinschaft mit Gott und den Gläubigen wieder. Benedikt verharmlost die Fehler der anderen nicht, sondern deckt sie auf. Er zeigt, in welche Lage sich der Fehlende bringt. Er konfrontiert ihn mit seiner Situation. Er richtet nicht, sondern zeigt nur, was ist. Und erst wenn jemand seinen eigenen Zustand schmerzlich erkennt, ist er bereit, ihn frei zu sprechen. Benedikt ist ein weiser Arzt, der die Wunden aufschneidet und aufzeigt, bevor er sie heilt.

Ähnlich verläuft die Geschichte mit einem jungen Mönch, der seine Eltern über alles liebt und ohne Segen des Abtes aus dem Kloster geht, um sie zu besuchen. Am gleichen Tag noch stirbt er. Die Eltern begraben ihn. Aber die Erde wirft seinen Leib immer wieder hinaus. Die Eltern eilen zu Benedikt und bitten um Hilfe. Benedikt gibt ihnen den Leib des Herrn, daß sie ihn dem Toten auf die Brust legen. Sie tun es und die Erde behält nun den Leichnam. Auch hier hilft Benedikt erst, als offenbar wird, welche Schuld der junge Mönch auf sich geladen hat. Benedikt ist ein Mann der Wahrheit. Er verdrängt nichts, weder bei sich, noch bei den anderen. Er schafft um sich herum Klarheit und läßt die Wahrheit offenbar werden. Nur die Wahrheit kann befreien, nicht ein Beschönigen und Überspielen.
So deckt Benedikt einem jungen Mönch, der aus dem Kloster gehen will, auf, daß er letztlich einem bösen Drachen folgt. Als alle Mahnungen,

doch im Kloster zu bleiben, nichts nutzen, befiehlt er ihm zornig, er solle gehen.

Der Mönch hatte kaum das Kloster verlassen, da sah er auf dem Weg einen Drachen, der mit aufgesperrtem Rachen auf ihn zukam.(106)

Vor Angst schreit er um Hilfe. Die Brüder eilen herbei und führen den vor Angst schlotternden Mönch zu Benedikt. Der zeigt ihm, von wem er sich die ganze Zeit hat beherrschen lassen:

Die Gebete des hl. Mannes hatten ihm den Dämon sehen lassen, dem er zuvor gefolgt war, ohne ihn zu sehen.(106)

So führt ihn Benedikt an seine Wahrheit heran. Erst als er der Wahrheit in ihrer Brutalität ins Auge sehen muß, kann er umkehren und sich auf den rechten Weg machen. Doch er braucht dazu die Brüder, die ihm die Angst vor dem Drachen nehmen. Man kann seinem Schatten nur ins Auge sehen, wenn man sich getragen weiß von der bergenden Gemeinschaft der Brüder. Dann frißt einen der Drache nicht auf. Benedikt wirkt auch dieses Wunder durch sein Gebet. Seine Wunder der Tat sind alle zugleich Wunder des Gebetes. Benedikt handelt durch sein Gebet, er bewirkt etwas bei den Menschen, indem er für sie betet. Das öffnet ihnen die Augen, das befreit sie von den Fesseln ihrer Schuld, das heilt ihre Krankheit, das hilft ihnen in ihren materiellen Nöten. Gebet und Tat sind bei Benedikt keine Gegensätze. Benedikt ist ein Mann der Tat, gerade weil er betet. Er erzielt in seinem Tun eine große Wirkung nach außen, weil sein Tun aus dem Gebet kommt und nicht aus einem ungesunden Aktivismus. Auf Dauer ist unsere Arbeit nur dann effektiv, wenn sie vom Gebet getragen ist und aus dem Gebet fließt.

Das 4. Wunder berichtet von der Heilung eines Aussätzigen. Gregor beschreibt den Kranken so:

Die Haare gingen ihm schon aus, die Haut schwoll an. Und er konnte den sich mehrenden Eiter nicht mehr verbergen. (108)

Das ist eine Beschreibung des inneren Zustandes. Mit den Haaren geht die Lebenskraft verloren. Der nach außen tretende Eiter zeigt den inneren an. Der Aussatz der Haut weist auf den inneren Aussatz hin. Er zeigt, daß der Kranke sich selbst nicht annehmen kann und sich dadurch von der menschlichen Gemeinschaft ausschließt. Weil er sich selbst für unausstehlich, für aussätzig hält, kann er sich den andern nicht zumuten und zieht sich auf sich selbst zurück. Der Kranke kann nichts mehr verdrängen. Der Körper ist ehrlicher als sein Verstand. Er offenbart, wie es eigentlich um ihn steht. Ob der Kranke will oder nicht, er gibt Benedikt den Blick frei für seine Seele. Und deswegen „wurde er unglaublich schnell wieder völlig gesund." (108) Weil er seinen Zustand nicht verheimlicht, sondern mit der Bitte um Hilfe sich Benedikt öffnet, kann ihn der hl. Mann auch sogleich heilen.

Als ein Mann von seinem Gläubiger hart bedrängt wird, kommt er zu Benedikt und bittet ihn um 12 Goldstücke. Benedikt sagt, er habe keine, er solle nach zwei Tagen nochmals kommen. Am 3. Tag findet man im Kloster auf einem Getreidekasten 13 Goldstücke. Benedikt gibt sie dem Bittsteller zur Begleichung seiner Schuld und seiner persönlichen Ausgaben. Benedikt hilft also auch in finanziellen Nöten. Er fühlt mit der Not der andern. Sein Gebet kreist nicht bloß um sich, sondern er betet für die andern. Und das Gebet drückt sich dann in wirksamer Hilfe aus. Benedikt nimmt das ganze Leben ernst, auch den materiellen Bereich. Auch da muß es stimmen. Auch da kann ein Mensch zugrunde gehen.

Ein anderer Mann hat unter der Eifersucht seines Gegners zu leiden. Der Gegner mischt ihm heimlich Gift in sein Getränk, so daß seine Haut fleckig wird wie die Haut eines Leprakranken. Der Vergiftete kommt zu Benedikt. Und „sobald dieser ihn berührte, verschwanden die Flecken" (112). Benedikt zieht das innere Gift aus dem Kranken heraus und macht es unschädlich. Diesmal aber ist es nicht das eigene Gift, das durch Verbitterung und Zorn in sich selbst erzeugte Gift, sondern das Gift eines andern. Benedikt befreit den Mann vor dem negativen Einfluß seines Gegners. Dessen Haß kann ihm nicht mehr schaden. Weil Benedikt ihn berührt, kann ihm der Feind nichts mehr anhaben. Weil er ihn annimmt, kann ihn die Ablehnung des andern nicht mehr treffen. Der hl. Mann hält seine schützende Hand über den Kranken. Und so ist er geschützt vor allen Machenschaften seines Gegners. Wir leben nicht auf einer Insel, sondern unter dem ständigen Einfluß anderer. Und oft treffen uns Haß und Bosheit der andern wie ein Gift, das sich in unseren Trank mischt und unsere Haut fleckig werden läßt. Wir trinken die Atmosphäre um uns herum in uns hinein. Und oft genug schadet sie uns. Sie macht uns unrein, fleckig. Wir sind von ihr gezeichnet. Die schützende Hand, die ein Gesegneter wie Benedikt über uns hält, könnte uns von diesem negativen Einfluß befreien.

Während einer Hungersnot befiehlt Benedikt, einem Bittsteller das bißchen Öl zu geben, das in der Speisekammer übrig geblieben ist. Der Mönch, der die Vorratskammer verwaltet, befolgt jedoch den Befehl nicht. Als Benedikt ihn zur Rede stellt, begründet er sein Verhalten damit, daß sonst nichts mehr für die Brüder übrig geblieben wäre. Benedikt befiehlt voller Zorn, das Ölgefäß zum Fenster hinauszuwerfen. Das Gefäß fällt auf den felsigen Abrund vor dem Fenster. Aber es bleibt heil. Benedikt ordnet nun an, das unversehrte Glas mit dem Öl dem Bittsteller zu geben. Die Brüder tadelt er wegen ihrer Kleingläubigkeit. Nun beten sie miteinander. Und das leere Ölgefäß, das in ihrer Mitte steht, läuft über von Öl. Benedikt mahnt die Brüder zum Vertrauen. Sie sollten auf die Kraft Gottes vertrauen, die jetzt in diesem Wunder sichtbar geworden sei.

Benedikt ist nicht nur geistlicher Vater, sondern auch ein Vater, der für die Menschen in ihren materiellen Nöten sorgt. Aber er sorgt nicht aus eigener Kraft, sondern im Vertrauen auf Gott, der keinen umkommen läßt, sondern für alle genügend bereithält. Benedikts Hilfe kommt nicht aus einem materiellen Reichtum, sondern aus dem Vertrauen auf Gott, den Geber alles Guten. Und dieser Glaube kommt gerade dann zur Vollendung, wenn er nach außen hin keinen Anhaltspunkt für Gottes Hilfe findet. Benedikt gibt auch das Letzte noch her, weil er weiß, daß Gott ihn nicht fallen läßt. Ihm steht keine magische Kraft zur Verfügung, sondern allein der Glaube an Gott, der für uns sorgt wie für die Lilien des Feldes.

Benedikt hat auch Macht, aus der Herrschaft des bösen Geistes zu befreien und einen Besessenen zu heilen. Der alte Feind kommt in Gestalt eines Tierarztes mit einem Horn und einer dreifachen Fußfessel, um den Brüdern einen verderblichen Trank zu geben. Er trifft einen älteren Mönch beim Wasserschöpfen, fährt in ihn und quält ihn grausam. Hier wird offensichtlich das Trinken als Einfallstor des bösen Geistes gesehen. Statt Wasser gibt der Feind seinen dämonischen Trank und weckt dadurch tierische Kräfte, die er dann mit Fußfesseln bindet, damit nach außen hin die Norm gewahrt wird. Doch dieser Zwiespalt zwischen den tierischen Kräften und der äußeren Norm quält den Menschen und zerreißt ihn fast. Benedikt gibt dem Bruder eine Ohrfeige und vertreibt damit den bösen Feind. Bei der Trunksucht nützt es oft nichts mehr, aufzudecken und nach den Ursachen zu fragen. Hier hilft nur, den Geist mit Gewalt auszutreiben, den Menschen hart anzupacken, weil man ihm zutraut, daß hinter allem chaotischen Verhalten noch eine einmalige, von Gott geliebte Person steckt. Es ist ein älterer Bruder, den Benedikt so heilt. Ist ein Älterer in Trunksucht verfallen, so hilft ihm nur noch eine starke Hand.

Gregor schließt an dieses Wunder eine Diskussion darüber an, ob Benedikt immer durch das Gebet oder auch kraft seines Willensentschlusses solche Zeichen bewirkt. Und er meint, beides sei der Fall. Er begründet es mit Joh. 1,12: „Allen, die ihn aufnahmen, gab er Macht, Kinder Gottes zu werden" (118). Benedikt ist so sehr mit Gott eins geworden, daß er nicht immer zuerst beten muß, um Heilung zu bewirken. Sein Tun selbst ist schon heilend. Weil der Geist Gottes in ihm ist, bewirkt er durch seinen Verstand und Willen Heil. Denn Verstand und Willen werden bei ihm vom Geist Gottes gelenkt. Weil der hl. Geist all sein Denken und Tun bestimmt, hat der böse Geist in seiner Umgebung keine Chance. Er muß weichen. In der Begegnung mit Benedikt werden die Menschen heil und gesund. In seiner Nähe finden sie den Mut zu sich selbst. Sie werden frei von allen Geistern und Gedanken, die sie beherrschen, und kommen in Kontakt mit ihrem eigentlichen Kern. Sie werden wie Benedikt eins mit sich selbst.

Ein Gote namens Zalla wütet zur Zeit des Königs Totila grausam gegen die Katholiken. Einen Bauern quält er fast zu Tode, daß er ihm sein Vermögen herausgebe. In seiner Not sagt der Bauer, er habe Benedikt sein Vermögen übergeben. Zalla stößt ihn nun in Fesseln vor sich her, damit er ihm den Weg zu Benedikt zeige. Benedikt sitzt gerade vor dem Eingang des Klosters und liest.

Der Gote musterte ihn voller Erregung und glaubte in seiner Verblendung, er könne ihn einschüchtern, wie er es sonst gewohnt war. So fing er laut zu schreien an: Los, los, gib das Vermögen dieses Bauern heraus, das du in Verwahrung genommen hast. Auf sein Geschrei hin hob der Gottesmann alsbald seine Augen und schaute ihn an. Dann richtete er sein Augenmerk auf den Bauern, der gefesselt vor ihm stand. Als sein Blick auf seine Arme fiel, lösten sich auf wunderbare Weise plötzlich die Fesseln mit solcher Schnelligkeit, wie kein Mensch in noch so großer Eile sie hätte lösen können. Als der Bauer, der in Fesseln gekommen war, plötzlich befreit dastand, stürzte Zalla angesichts solcher Macht zitternd zu Boden. Und er, der in seiner Grausamkeit so unerbittlich gewesen, beugte seinen Nacken zu Benedikts Füßen und bat um sein Gebet. (120)

Benedikt läßt sich nicht einschüchtern, auch nicht von grausamen Menschen. In seiner inneren Ruhe ist er stärker als alle, die sich vor ihm aufblasen und mächtig erscheinen wollen. Er sieht hinter dem Imponierenwollen den schwachen Menschen, der es nötig hat, sich nach außen hin stark zu gebärden, weil er Angst vor seiner eigenen Schwäche und Wertlosigkeit hat. Er hält den Blick des andern ruhig aus und sein Blick bewirkt im einen Befreiung von seinen Fesseln, beim andern Umkehr. Hier hilft Benedikt einem, der in ungerechten Verhältnissen lebt, einem, der von einem andern bedrängt wird, der die Macht ohne Recht an sich gerissen hat. Benedikts Wirken hat hier gesellschaftliche und politische Dimensionen. Sein Kloster ist mitten in der Welt, auch wenn man erst den Berg besteigen muß, um zu ihm zu gelangen. Benedikt registriert die politische Lage. Das hat er schon in der Begegnung mit dem König Totila gezeigt. Totila regiert von der Begegnung mit Benedikt ab anders. Er zeigt sich weniger grausam. Der Gote Zalla wagt es nicht mehr, ungerechterweise von dem Bauern etwas zu fordern. Benedikt bezieht hier klar Stellung gegenüber den Ausbeutern und Tyrannen. Aber er schreibt keinen ab. Er ermahnt sie und er betet für sie. Er traut ihnen noch etwas Gutes zu. Er meint nicht, mit ihnen sei sowieso nichts mehr zu machen. Er gibt dem Zalla geweihtes Brot. Er hofft, daß die Wohltat, die er ihm erweist, sein Herz verändert und ihn zu einem andern Handeln bewegt. Und der Erfolg gibt ihm recht. Die soziale und politische Situation ändert sich in diesem Augenblick, zumindest für die Menschen in dieser Gegend. Benedikt entwirft kein politisches Programm, aber in seiner Klarheit wirkt er doch verändernd auf die gesellschaftliche und politische Situation und seine Wirkung ist durchschlagend. Die Fesseln des Unterdrückten fallen ab.

Benedikt befreit nicht nur aus der Herrschaft grausamer Menschen oder böser Geister, sondern sogar von den Fesseln des Todes. Ein Bauer bringt ihm seinen toten Sohn und legt ihn vor die Klosterpforte. Er will nicht eher weichen, bis Benedikt ihm den Sohn wieder erweckt.

Der Gottesmann ging mit den Brüdern dorthin, beugte das Knie, legte sich über den kleinen Körper des Kindes, richtete sich auf, erhob die Hände zum Himmel und betete also: Herr, schau nicht auf meine Sünden, sondern auf den Glauben dieses Mannes, der darum bittet, daß sein Sohn wiedererweckt werde, und gib die Seele, die du hinweggenommen hast, in diesen kleinen Körper zurück. Kaum hatte er sein Gebet beendet, da kehrte die Seele wieder zurück, und der ganze Körper des kleinen Knaben begann zu zittern. Es war für die Augen aller Anwesenden sichtbar, wie ihn eine wunderbare Erschütterung beben machte. Dann nahm ihn Benedikt an der Hand und gab ihn seinem Vater lebend und unversehrt zurück (122).

Benedikt ist in sich so lebendig, da er auch das Tote in sich und um sich wieder zum Leben weckt. Wenn er sich auf einen Menschen legt, wenn er ihn mit seiner ganzen Liebe bedeckt, dann macht er ihn wieder lebendig. Seine Liebe ist stärker als der Tod. Man darf in diesen Wundern nicht so sehr die Macht Benedikts sehen. Das würde uns Benedikt übermenschlich und unnahbar erscheinen lassen. Benedikt ist vielmehr der ganz und gar lebendige Mensch. Er hat das Leben Gottes in alle seine Abgründe hineinströmen lassen. Nichts ist mehr tot geblieben in ihm. Wir tragen oft genug tote Brocken in uns herum, Teile, die wir vom Leben ausgeschlossen und in den Schatten abgeschoben haben. Oder wir hausen wie der Besessene von Gerasa als Lebende mitten in den Grabhöhlen. Wir leben als Tote und lassen uns nur schwer aus unsern Grabhöhlen herauslocken. Benedikt lockt in seiner Lebendigkeit auch in den Menschen das Leben hervor. Um ihn herum fangen die Menschen deshalb zu leben an, es regt sich etwas in ihnen, sie blühen auf. Sie stehen auf, und an der Hand Benedikts und von seinem Gebet getragen, wagen sie sich hinaus ins Leben.

14. Integration der anima

Die anima, Archetyp des Weiblichen, kann in verschiedenen Formen auftreten: als Mutter, als Jungfrau, als Geliebte, als Hexe, als Dirne, als

Madonna, als Schwester, als Seelenführerin (Psychopompos) und als Weisheit (Sophia). Gregor hat bereits in einigen Szenen beschrieben, wie Benedikt der anima begegnet ist. Im heimlichen Verlassen seiner Amme reißt Benedikt sich los von der Mutter. In der Faszination durch das Bild einer schönen Frau begegnet Benedikt der anima als der Geliebten und Braut und wandelt die Flamme der leidenschaftlichen Liebe um. Aber er begegnet darin auch der Mutter, mit der er auf höherer Ebene eins wird. In den tanzenden Mädchen, die seine Schüler verführen wollen, trifft er auf die Frau als Dirne. Vor ihr flieht er. In den Frauen, die seine Brüder bewirten und beschenken, beschreibt Gregor die vereinnahmende Frau, die verschlingende Mutter. Benedikt wehrt sich dagegen, indem er männlich auf die Einhaltung der Regel pocht. In all diesen Begegnungen hat Benedikt die anima erfahren als zugleich bedrohend und belebend. Und er hat jeweils einen andern Aspekt der anima integriert. Nun, fast am Ende seines Lebens, begegnet er der Frau als Schwester. Damit ist nicht bloß die leibliche Schwester gemeint, sondern eine eigene Qualität der Frau, eine Form des Archetyps der anima. Die anima als Schwester ist Seelenführerin. Sie führt den Mann in Bereiche, in die er selbst nie vorstoßen würde. Sie weckt in ihm Seiten zum Leben, die er durch bloße Innenschau nicht entdecken würde. Und sie verleiht ihm Weisheit jenseits allen Verstandeswissens, eine göttliche Weisheit, die ihm den Sinn des Lebens erschließt. Die anima hat immer auch numinose Qualität, sie ist religiös gefärbt und läßt den Mann etwas vom göttlichen Geheimnis erfahren.[19]

Gregor schildert die Begegnung Benedikts mit seiner anima in der wunderbaren Szene mit seiner

Schwester Scholastika. Jedes Jahr treffen sich die Geschwister in einem Haus in der Nähe des Klosters, um geistliche Gespräche zu führen. Benedikt geht nun mit seinen Brüdern in das Haus zu seiner Schwester:

Sie verbrachten den ganzen Tag im Lobpreis Gottes und in heiliger Zwiesprache. Die Dämmerung brach schon herein, als sie zusammen aßen. Sie saßen noch bei Tisch, und es wurde immer später, unterdessen sie geistliche Gespräche führten. Da wandte sich die gottgeweihte Frau, seine Schwester, mit folgender Bitte an ihn: Ich bitte dich, verlaß mich nicht in dieser Nacht, damit wir bis zum Morgen von den Freuden des himmlischen Lebens sprechen können. Er erwiderte ihr: Was sagst du da, Schwester? Ich kann auf keinen Fall außerhalb des Klosters bleiben.
Der Himmel war ganz heiter, man sah keine Wolke. Als aber die gottgeweihte Frau die ablehnenden Worte ihres Bruders vernahm, legte sie die Hände auf den Tisch, die Finger ineinander verschränkt. Dann legte sie ihr Haupt auf die Hände, um so den allmächtigen Herrn zu bitten. Als sie ihr Haupt wieder vom Tisch hob, brach ein Gewitter mit Blitz und Donner und einem solchen Wolkenbruch los, daß weder der heilige Benedikt noch die Brüder in seiner Begleitung den Fuß über die Schwelle des Hauses setzen konnten, in dem sie weilten (125f). Und so kam es, daß sie die ganze Nacht hindurch mitsammen wachten und sich durch geistliche Gespräche gegenseitig bereicherten. (128)

Scholastika will von den Freuden des himmlischen Lebens sprechen. Der Mann pocht auf die Einhaltung seiner Regel. Die Frau ist spontan, sie setzt sich über Regeln hinweg. Die persönliche Beziehung (vicaria relatio), das Gespräch und der Augenblick sind für sie wichtiger. Und sie hat ein Gespür für das Göttliche, für das Geheimnis des geistlichen Lebens und für die Freuden des Himmels. Und sie setzt sich mit ihrem Gebet gegenüber Benedikt durch. So sättigen (satiarent) sie sich gegenseitig durch heilige Gespräche über das geistliche Leben.

Gregor überlegt nun, warum Scholastika bei Gott mehr erreicht hat als Benedikt, der ja eindeutig eine andere Absicht hatte und unbedingt gemäß seiner eigenen Regel die Nacht im Kloster verbringen wollte.

> Aber seinem Willen stellte sich ein Wunder entgegen, das in der Kraft des allmächtigen Gottes aus dem Herzen einer Frau kam. Es ist keineswegs verwunderlich, daß die Frau, die den Bruder länger sehen wollte, zu jenem Zeitpunkt mehr vermochte als er. Denn da nach dem Wort des Johannes Gott Liebe ist, vermochte nach dem gerechten Ratschluß Gottes jene mehr, welche mehr liebte. (128)

Zwei Gründe sind es also. Einmal hat Scholastika mehr vermocht, weil sie mehr geliebt hat. Diese Liebe bezieht sich jedoch nicht bloß auf Gott, sondern vor allem auf den Bruder. Sie will einfach den Bruder länger sehen, länger mit ihm zusammensein, weil sie ihn liebt und weil die Liebe zu ihm und das Gespräch mit ihm auch ihre Liebe zu Gott vertieft. Die Liebe siegt hier über das Gesetz. Benedikt will die Regel halten, er ist gesetzestreu, Scholastika überspringt das Gesetz in der Liebe und damit bringt sie in Benedikt eine neue Saite zum Klingen. Die Liebe ist ohne Angst. In göttlicher Freiheit setzt sie sich über die Regel hinweg und tut das, was sie im Augenblick als stimmig spürt. Sie traut mehr dem Gefühl als dem Verstand. So wird sie dem einzelnen gerecht und erfüllt seine tiefsten Bedürfnisse.
Der zweite Grund für den Sieg Scholastikas ist, daß sich dem Willen des Mannes die Kraft entgegenstellt, die aus dem Herzen einer Frau kommt. Der Wille wird dem Mann zugeordnet, das Herz der Frau. Und das Herz ist stärker als der Wille, weil es Bewußtes und Unbewußtes verbindet,

weil es die Mitte des Menschen ist. Wir meinen, daß der Wille mehr Kraft habe. Aber der Wille arbeitet mit viel Energie, die Kraft des Herzens dagegen hat eine andere Quelle. Es ist die Quelle der Liebe, die Quelle des göttlichen Geistes. Die mütterliche Quelle, aus der alles Leben entspringt, ist stärker als der Tod.

Das Wunder kam aus dem Herzen der Frau in der Kraft des allmächtigen Gottes. Die anima will nicht alles aus sich selbst schaffen, sie lebt von der Verbindung mit Gott. Der Mann meint manchmal, alles aus eigener Kraft zu können. Doch da kommt er schnell an Grenzen. Die anima bindet ihn an den Strom der göttlichen Kraftquelle. Doch die kann man nicht mehr besitzen, man kann nur demütig daran Anteil erhalten, indem man sich beschenken läßt.

Benedikt läßt sich auf die Bitte Scholastikas ein. Und er spricht mit seiner Schwester die ganze Nacht über geistliche Themen. Das hätten sie nicht tun können, wenn er sich beleidigt in einen Schmollwinkel zurückgezogen hätte. Benedikt läßt sich von seiner Schwester in neue Bereiche des Menschseins hineinführen. Und in ihren geistlichen Gesprächen berühren sie auf einmal den Grund, aus dem beide leben, sie berühren das Geheimnis Gottes. Die Zeit steht still, der Himmel öffnet sich. Einer vermittelt dem andern Gott. Im Miteinander-Sprechen gelangen sie in immer höhere Regionen und finden sich tief vereint in Gott wieder.

Man kann die Begegnung von Benedikt und Scholastika als Begegnung von zwei Menschen sehen, die sich gegenseitig bereichern und sich einander Gott vermitteln. Aber man kann sie auch als Schilderung der Selbstwerdung Benedikts verstehen. Dann zeigen beide Personen nur zwei Seiten der einen Seele Benedikts und die Art und Weise, wie anima und animus miteinander eins werden. Benedikt geht aus der Begegnung mit der anima verwandelt hervor, lebendiger, menschlicher, gütiger und freier. Daß Gregor Scholastika als anima Benedikts versteht, läßt sich daraus ersehen, daß er das Wunder des Regens, das Scholastika mit ihrem Gebet bewirkt, als 12. Wunder Benedikts sieht.

In der Begegnung mit Scholastika ist in Benedikt etwas Entscheidendes geschehen. Das zeigt seine Reaktion auf ihren Tod. Benedikt sieht, wie die Seele seiner Schwester „in Gestalt einer Taube in die geheimnisvolle Welt des Himmels entschwebte" (130). Er freut sich über ihre Verherrlichung und läßt ihren Leichnam holen und in das Grab legen, das er sich selbst bereitet hat.

So geschah es, daß die, deren Geist in Gott immer eins gewesen war, auch dem Leibe nach durch das Begräbnis nicht getrennt wurden (130).

Wenn man berücksichtigt, wie die ägyptischen Mönche über die Frau gedacht und wie sie jede Berührung mit ihr vermieden haben, dann ist das Verhalten Benedikts erstaunlich. Er läßt sich zusammen mit einer Frau bestatten. Das müßte auch für die damaligen Ohren sehr fremd geklungen haben. Aber hier geht es nicht bloß um den äußeren Vorgang, es ist ein Bild für die tiefe Verbindung von anima und animus, die in Benedikt sichtbar wird. Benedikt ist zumindest im Tod ganz der integrierte Mensch geworden, der Mensch, der Mann und Frau zugleich war, der mit seiner anima so eins geworden ist, daß er mit ihr nicht nur dem Geiste, sondern auch dem Leibe nach eins ist, daß also sein äußeres Erscheinungsbild die Einheit widergespiegelt hat. Das Grab ist Symbol für die neue Geburt. Durch die Vereinigung mit seiner anima wird Benedikt neu geboren. Die neue Geburt zeigt sich in seinem

Beten und in seinem Tun. Sein Beten wird zu einem Schauen in der kosmischen Vision. Und sein Tun drückt sich in seiner Regel aus, die in vielen Menschen neues Leben zeugt.

15. Die kosmische Vision

Nach einem geistlichen Gespräch mit dem Diakon Servandus steht Benedikt mitten in der Nacht auf, um zu beten.

Er stand am Fenster und betete zum allmächtigen Herrn. Wie er so um Mitternacht hinausblickte, sah er plötzlich ein Licht, das sich von oben her ausbreitete und mit einem Mal alle Dunkelheit der Nacht vertrieben hatte. Es strahlte in solchem Glanz, daß es, wie es so in die Finsternis leuchtete, sogar heller war als das Tageslicht.
Eine wunderbare Wahrnehmung war damit verbunden. Wie er später selbst erzählte, wurde ihm die ganze Welt wie in einem einzigen Sonnenstrahl gesammelt vor Augen geführt. (132)

Daß Benedikt die ganze Welt in einem einzigen Sonnenstrahl gesehen hat, beschäftigt Gregor noch weiter und er erklärt es seinem Dialogpartner:

Der Seele, die den Schöpfer sieht, erscheint die ganze Schöpfung begrenzt. Denn für jede Seele, die auch nur ein wenig vom Licht des Schöpfers geschaut hat, schwindet alles zusammen, was geschaffen ist; weitet sich doch ihr Fassungsvermögen durch das Licht innerer Schau und dehnt sich so in Gott hinein aus, daß sie über der Welt steht. Die Seele des Schauenden wird sogar über sich selbst hinausgehoben werden. Wenn sie im Lichte Gottes ihrer selbst entrückt ist, wird sie innerlich weit. Und wenn sie dann auf das schaut, was unter ihr ist, begreift sie in ihrer Erhöhung, wie klein das ist, was sie zuvor in ihrer Niedrigkeit nicht hätte begreifen können. ...Was ist also daran verwunderlich, wenn er die ganze Welt mit einem Blick umfaßte, da er, emporgehoben im Lichte innerer Schau, jenseits dieser Welt war. Was aber das betrifft, daß er die ganze

Welt mit einem Blick umfassen konnte, so sind nicht Himmel und Erde verkleinert worden, sondern die Seele dessen, der das schaute, wurde weit. In Gott entrückt, konnte er ohne Schwierigkeit das sehen, was unter Gott ist. Dem Licht, das für seine Augen aufstrahlte, entsprach ein anderes, inneres Licht, das in seinem Herzen aufleuchtete. Weil es die Seele dessen, der da schaute, zu Höherem erhob, zeigte es ihm, wie begrenzt alles Irdische ist. (134 f)

Benedikt wird hier als Mystiker beschrieben, der so sehr mit Gott eins geworden ist, daß er in Gott auch mit der ganzen Schöpfung eins wird. Seine Mystik ist nicht weltlos. In Gott erspürt er vielmehr die ganze Welt. Die Welt wird für ihn durchsichtig auf Gott hin. Und die Welt bekommt in Gott ihren richtigen Stellenwert. Sie wird klein. Wer in Gott ist, für den verliert die Welt ihre Mächtigkeit, sie erhält ihre eigentliche Dimension. Sie ist Schöpfung in der Hand des Schöpfers. Und wer mit dem Schöpfer eins geworden ist, wird in Gott so weit, daß er die ganze Welt mit einem Blick sehen kann. Er durchdringt die Welt und stößt auf ihren Grund, auf Gott, der die Mitte alles Geschaffenen ist.

Was Gregor hier beschreibt, finden wir in den Erleuchtungserfahrungen aller Mystiker wieder, etwa in der Beschreibung der Erleuchtung im Buddhismus oder in den Schriften der griechischen Mystiker. Gregor entfaltet anhand der kosmischen Vision Benedikts seine mystische Lehre. Gott erfahren ist für ihn vor allem Gott schauen, aber zugleich auch eins werden mit Gott und eins werden auf eine neue und geheimnisvolle Weise mit der ganzen Welt, durch die hindurch Gott selbst aufleuchtet. Gregor bringt die kosmische Vision Benedikts bewußt nach der Begegnung mit seiner Schwester, nach der Integration der anima, die in der Erfahrung der Frau als Schwester geschieht. Jetzt erst ist Benedikt fähig, die Welt nicht von seinem Verstand aus zu sehen, sondern von seinem Herzen, das durch die Liebe und durch das Licht Gottes weit geworden ist. Das mystische Einswerden mit Gott und mit der Schöpfung hat eine weibliche Dimension. Sie ist dem Intellekt allein nicht möglich, sondern nur dem Geist, der Verstand und Herz miteinander verbindet und im Schauen auch das weibliche Fühlen zuläßt. Der Mensch kann mit Gott und der Welt erst eins werden, wenn er zuvor ganz mit sich eins geworden ist, wenn alle seine Kräfte, männliche und weibliche, Verstand und Herz, Bewußtes und Unbewußtes im göttlichen Licht zusammengeschmolzen sind.

So beschreibt die geheimnisvolle Schau der ganzen Welt in einem einzigen Sonnenstrahl nicht nur Benedikts Mystik, sondern auch den Gipfel seiner Selbstwerdung. Nach Jung umfaßt das Selbst zugleich Gott und Mensch, Geist und Materie, Bewußtes und Unbewußtes, anima und animus. Und das Selbst ist voller Licht, voll von göttlichem Licht. Wer von diesem Licht erfüllt wird, dem wird auf einmal alles klar. Wie in einem kurzen Moment blitzt es in ihm auf. Und er berührt das Geheimnis allen Seins, das Herz aller Dinge, Gott, den Urgrund und Schöpfer der Welt. In diesem kurzen Augenblick lösen sich alle Gegensätze auf, sie fallen in eins zusammen. Alles ist eins, einfach, durchleuchtet, hell und klar. Aber das kann man nicht mehr fassen. Man kann es nur noch schauen, nicht mehr begreifen.

Im Einssein mit Gott können wir auch eins werden mit uns und unserem Leben. Wenn wir mit Gott eins sind, übersteigen wir die psychologische Ebene der Selbstverwirklichung. Wir kreisen dann nicht mehr um unser Selbst und unsere psychische Gesundheit. Wir können uns selbst vergessen, weil wir spüren, daß Gott in uns wohnt. "Wir werden zu ihm kommen und bei ihm wohnen" (Joh 14,23), sagt Jesus. Wenn wir das ernst nehmen, dann erleben wir uns anders, dann relativieren sich auf einmal unsere menschlichen Bedürfnisse. Dann ist es nicht mehr so wichtig, ob wir unsere psychischen Komplexe überwinden, ob wir unsere Probleme lösen, ob wir mehr Ich-Stärke entwickeln und ob wir genügend Zuwendung und Anerkennung finden. In der Einheit mit Gott finden wir zu unserer eigenen Mitte. Und die ist nicht geprägt von der Erfüllung unserer Bedürfnisse und Wünsche, sondern von der Nähe Gottes, der uns dazu ausersehen hat, seine Wohnstatt zu sein, im Geist und durch den Sohn eins zu werden mit dem Vater. Das ist die wahre Selbstwerdung des Menschen, die Selbsttranszendenz in Gott hinein, das Sich-selbst-Vergessen, um Gott Raum zu geben. Das befreit uns von uns selbst. Das gibt uns einen inneren Abstand zu den Alltagsproblemen, das befreit uns von dem psychologischen Leistungsdruck, stark, psychisch o. k., gesund und ausgeglichen sein, mit sich und seinen Problemen zurechtkommen zu müssen. Wenn ich mit meinen Problemen in Gott bin, von seinem Geist erfüllt, in Gemeinschaft mit dem Sohn, dann lebe ich aus einer andern Wirklichkeit, dann können zwar immer noch Ängste und Komplexe in mir sein, aber sie bedrücken mich nicht mehr. Ich habe etwas anderes erfahren: Gott in meinem Herzen. Und diese Erfahrung ist so faszinierend, daß meine persönlichen Probleme dahinter verblassen. Ich habe zur Freiheit der Kinder Gottes gefunden, zu einem Leben aus Gnade und nicht mehr aus menschlicher Leistung.

Wenn die Vorstellung der Einheit mit Gott auf den ersten Blick abstrakt und unwirklich erscheint, so entpuppt sie sich bei näherem Hinsehen doch als entscheidende Lebenshilfe. Der Mensch verwendet nicht mehr alle Energie darauf, die Konflikte seines Ichs zu lösen, sondern er transzendiert sie. Das ist für die Vertreter der transpersonalen Psychologie die wahre Heilung des Menschen. Die Selbsttranszendierung in Gott hinein nimmt den Ansprüchen des Ego ihre Dringlichkeit. Die Einheit mit Gott, in der der Mensch sich von seinem Ego löst und es in Gott hinein übersteigt und in der er sein wahres Wesen erkennt, ist für die transpersonale Psychotherapie „die wichtigste Voraussetzung für seine Befreiung“[20].

Wenn wir darauf aus sind, auf der psychologischen Ebene die Bedürfnisse zu befriedigen, das Bedürfnis nach Zuwendung und Anerkennung, nach Erfolg und Selbstbestätigung, nach Zärtlichkeit und Geborgenheit, nach Angstfreiheit und Ichstärke, werden wir immer zu kurz kommen. Denn es wird immer Menschen geben, die mehr Zuwendung bekommen und mehr Erfolg haben als wir. Wenn wir diese Bedürfnisse aber übersteigen und uns dem Einssein mit Gott zuwenden, das schon vor unserer Wahrnehmung Realität ist, dann finden wir zum wirklichen Frieden und zur wahren Freiheit, zu einer Lebendigkeit und Fülle, wie sie uns keine psychologische Therapieform vermitteln kann. Diese Erfahrung hat Benedikt in seiner kosmischen Vision gemacht. In der Einheit mit Gott wurde ihm die Welt auf einmal klein. Ihre Probleme und Ansprüche schmolzen in einem Strahl zusammen. In Gott fielen die Gegensätze der Welt zusammen, und ihr Widerstand löste sich auf. Benedikt wurde in Gott eins mit dem ganzen Kosmos. Dadurch bekam er Anteil an seinem Reichtum. Mit der Welt war auch ihr ganzes Leben in ihm. So wurde er in Gott ein ganzer Mensch, verbunden mit allem, erfüllt mit einem tiefen Frieden.

16. Die Regel als Zeugnis für die Gestalt Benedikts

Erst nach der Integration der anima und nach der Selbsttranszendenz in der kosmischen Vision sagt Gregor etwas von der Regel, die Benedikt geschrieben hat. Ohne die Integration der anima wäre die Regel ein Gesetzbuch geworden, Zeugnis eines männlichen Geistes, der alles ordnen und regeln möchte. So aber verbindet sie die Klarheit des männlichen Geistes mit der Güte weiblicher Liebe und weiblichen Fühlens. Und da Benedikt die Welt in der kosmischen Vision auf Gott hin überstiegen hat, kann er den weltlichen Dingen das rechte Maß zuteilen.

> Er verfaßte nämlich eine Regel für Mönche, die sich durch ihre Weisheit auszeichnet und glänzend geschrieben ist. Wenn einer seine Lebensart genauer kennenlernen will, kann er in den Anweisungen der Regel alles finden, was der Meister selbst übte. Denn der heilige Mann konnte nicht anders lehren als er lebte. (136)

Die Regel zeugt in ihrer Weisheit von der Integration der anima, von der Reife Benedikts. Aus all seinen Anweisungen spricht immer wieder die Liebe und Güte des Vaters. Er hat Verständnis für den einzelnen. Er läßt sich mütterlich auf den einzelnen ein, gerade auf den Schwachen und Kranken. Die Regel bezeugt einen Menschen, der mit sich eins geworden ist, der in der Einheit mit Gott lebt und so auch Einheit zwischen Menschen stiften kann. Da spürt man nie etwas von Projektion der eigenen Fehler auf andere oder in strenge und harte Worte hinein. Da wird nicht über andere geschimpft. Da wird nüchtern und klar gesprochen. Da ist nichts von Sentimentalität zu spüren, die immer ein Zeichen einer nicht integrierten anima ist. Da wird auch von Gott so klar und nüchtern gesprochen, daß da keine unbefriedigten Bedürfnisse in ihn hineinprojiziert werden. Die Art, wie ein Mensch spricht und schreibt, zeugt immer von seinem inneren Zustand. Aus der Regel Benedikts spricht ein weiser und gütiger, ein reifer und integrierter Mensch, ein Mensch, der sich selbst vergessen kann, weil er Gott geschaut hat, und der von Gott her alles im richtigen Licht sieht.

17. Die Vollendung

Im Tod zeigt sich das Wesen eines Menschen. In der Beschreibung des Todes Benedikts will Gregor uns noch einmal sagen, wer dieser Mann Gottes war. Benedikt wird vom Tod nicht überrascht, sondern er sieht ihn voraus, er spürt, wann seine Zeit erfüllt ist. Und so geht er aktiv darauf zu.

Sechs Tage vor seinem Tod ließ er sein Grab öffnen. Dann packte ihn hohes Fieber, das ihn bald sehr schwächte. Da die Schwäche von Tag zu Tag zunahm, ließ er sich am sechsten Tag von seinen Schülern in die Kapelle tragen. Dort stärkte er sich für seinen Tod durch den Empfang des Leibes und Blutes des Herrn. Er stand da, in seiner Schwäche auf die Hände der Schüler gestützt, hob die Hände zum Himmel und unter Worten des Gebetes hauchte er seine Seele aus. (138)

Benedikt will im Oratorium, im Raum des gemeinsamen Betens, sterben. Und er will im Sterben eins werden mit dem Tod und der Auferstehung Jesu, dessen Leib er empfängt. In Christus hat er bereits die Schwelle des Todes überschritten. So stirbt er nun stehend. Er erhebt seine Hände zum Himmel und gibt betend Gott sein

Leben zurück. Daß einer stehend stirbt, ist ungewöhnlich. Benedikt wird vom Tod nicht einfach hinweggerafft, sondern er stirbt ihn selbst. Er geht im Tod auf Gott zu, er hält sich im Tod in Gott hinein, mit ausgebreiteten Armen haucht er seine Seele in Gott hinein aus, um so ganz mit ihm eins zu werden. Er gibt den Geist, mit dem Gott ihn erfüllt hatte, Gott zurück, damit Gott nun auch andere Menschen mit seinem Geist beschenken kann, so wie er ihn einst mit dem Geist aller Gerechten erfüllt hatte. Und Benedikt stirbt „in seiner Schwäche auf die Hände seiner Schüler gestützt". Er stirbt einen menschlichen Tod, einen Tod im Kreis seiner Brüder, gehalten und getragen von der brüderlichen Gemeinschaft. In solcher Gemeinschaft kann man gut sterben, da kann man es wagen, allein durch das einsame Tor des Todes zu treten.

Mit diesem Bild beschreibt Gregor Benedikt als einen in sich stehenden Menschen, der eins ist mit seinen Brüder, der eins ist mit sich selbst und mit Gott, dem er sich ganz ergibt. Aber Gregor will uns mit diesem Bild auch zeigen, daß solch ein Tod auch für uns möglich ist. Er schenkt uns den Glauben und die Hoffnung, daß auch wir im Tod so versöhnt mit unserem Leben in Gott hineinsterben werden. Benedikt hat seinen Geist in Gott hineingehaucht. Jetzt kann Gott uns mit diesem Geist erfüllen, damit auch wir wie Benedikt leben können, gelassen, mit uns und mit Gott eins geworden, voll Liebe zu den Brüdern und in einer frohen Zuversicht. So kann Benedikt als der Gesegnete auch für uns zum Segen werden.

18. Benedikts Fortwirken: die Heilung in der Höhle

Wie Benedikt nach seinem Tod zum Segen wird, beschreibt Gregor in der Heilung einer geisteskranken Frau, die nach wirrem Hin- und Herwandern zufällig die Höhle von Subiaco betritt und in ihr übernachtet.

Als es Morgen geworden war, kam sie in so normaler Verfassung heraus, als sei sie nie geistesgestört gewesen. Und sie blieb von da an ihr ganzes Leben lang gesund. (141)

Das Bild der Höhle ist für das Verständnis dieses Wunders wichtig. Wer sich in die Höhle Benedikts zurückzieht, wer in der Einsamkeit der Höhle mit ihm eins wird, wer im Schoß der Erde mit ihm stirbt, der wird gleichsam neu geboren, seine Gedanken kommen in Ordnung, seine bösen Geister entfliehen, er wird gesund für sein Leben lang. Seine innere Zerrissenheit wird geheilt, seine Spaltung aufgehoben. Er wird wieder ein ganzer Mensch, eins mit sich selbst und eins mit Gott, dem Grund seines Lebens.

Gregor bringt zum Schluß noch eine Überlegung zu dieser Heilung, die nicht am Ort seines Grabes stattfand, wie damals üblich. Er zitiert das Wort Jesu: „Wenn ich nicht fortgehe, wird der Tröster nicht zu euch kommen." (Joh 16,7) Und er sagt:

Weil die Apostel, als sie den Herrn leiblich sahen, das Verlangen hatten, ihn immer mit leiblichen Augen zu sehen, darum wurde ihnen mit Recht gesagt: Wenn ich nicht hingehen werden, kommt der Tröster nicht. Es ist, als ob klar gesagt würde: Wenn ich euch den Leib nicht entziehe, zeige ich nicht, was die Liebe des Geistes ist, und wenn ihr nicht aufhört, mich leiblich zu sehen, lernt ihr niemals, mich im Geist zu lieben. (142)

Benedikts Leib ist uns entzogen. Wir kennen sein Grab nicht. Seine geschichtliche Gestalt ist nur in

Umrissen zugänglich. Aber das ist auch nicht wichtig. Entscheidend ist, daß wir in seinem Geist leben, daß wir in die Höhle seines Geistes eintreten und dort von Gott selbst zu neuem Leben erweckt werden, zu einem Leben, das Benedikt nicht einfach nachahmt, sondern wie er zur Einheit mit sich, mit Gott und mit den Menschen, ja mit der ganzen Schöpfung gelangt.

Anmerkungen

1 Benedictus. Eine Bild-Biographie. Nach dem 2. Buch der Dialoge Gregors des Großen, hrsg. u. eingel. v. E. Jungclaussen, Regensburg 1980, 11. Wir übernehmen im Folgenden die Übersetzung von E. Jungclaussen. Die Seitenzahlen im Text beziehen sich auf dieses Buch. Zur tiefenpsychologischen Auslegungsmethode vgl. E. Drewermann, Tiefenpsychologie und Exegese, Band I. II, Olten 1984 und 1985; außerdem die tiefenpsychologischen Märchendeutungen von E. Drewermann: Der goldene Vogel; Das Mädchen ohne Hände; Frau Holle, alle Olten 1981ff.

2 C.G. Jung, Ges. Werke, 9. Band, 1. halbe Band, Olten 1976, 178.
C.G. Jung unterscheidet das Selbst vom Ich. Das Ich ist der bewußte Personkern, aus dem heraus ich Entscheidungen treffe, handle und urteile. Das Selbst ist dagegen die Personmitte, die zugleich Bewußtes und Unbewußtes umschließt. Zum Selbst gelangt der Mensch nur, wenn er den Schatten annimmt, anima und animus (männliche und weibliche Seelenanteile) in sich integriert und das Gottesbild in sich einläßt. Den Weg zum Selbst nennt Jung den Prozeß der Individuation. Dabei geht es nicht um Vollkommenheit, sondern um Vollständigkeit, um Ganzwerden und Einswerden mit sich, mit der Schöpfung, mit den Menschen und mit Gott. Vgl. dazu J. Jacobi, Der Weg zur Individuation, Zürich 1965.

3 Vgl. die Einleitung von Jungclaussen, Benediktus 21. Dort auch das Folgende.

[4] Vgl. A. de Vogüe, Grégoire Le Grand, Dialogues, Tom II, Paris 1979, 131. Die lateinischen Zitate sind dieser Ausgabe entnommen.

[5] C.G. Jung, Ges. Werke, 5. Band, Olten 1973, 302.

[6] Jung, GW, Bd. 9/1, 149.

[7] Jung, GW, 5. Bd. 484.

[8] E. Neumann, Kulturentwicklung und Religion, Zürich 1953, 10.

[9] Athanasius, Leben des hl. Antonius, übers. v. H. Mertel, Kempten 1917, 704. Das folgende Zitat ebd. 705.

[10] C.G. Jung, Briefe III, Olten 1973, 99.

[11] Das zeigen die Ausdrücke cruciatur (Benedikt wird gequält), surrexit (der Priester stand auf und fand ihn in einer Höhle wie in einem Grab). Als Ziel der Geschichte gibt Gregor an, daß Benedikt als Licht aufstrahlen sollte. Das bezieht sich auf das Licht der Osterkerze, die allen leuchten soll.

[12] Jung, Briefe III, 225.

[13] Vgl. C.G. Jung, Erinnerungen, Träume, Gedanken, aufgez. u. hrsg. v. A. Jaffé, Zürich 1967, 280.

[14] Jung, GW, 5. Bd. 338f.

[15] Ebd. 346 f.

[16] Jung, GW, Bd. 9/1, 231.

[17] Vgl. A. Grün, Der Umgang mit dem Bösen. Der Dämonenkampf im alten Mönchtum, Münsterschwarzach 1980.

[18] Vgl. E. Drewermann, Der goldene Vogel, Olten 1982, 39f.

[19] Vgl. Jung, GW, Bd. 9/1, 38ff.

[20] R.N. Walsh u. F. Vaughan, Psychotherapien im Vergleich: Psychologie in der Wende, hrsg. v. R.N. Walsh u. F. Vaughan, Bern 1985, 187.

MÜNSTERSCHWARZACHER KLEINSCHRIFTEN

Schriften zum geistlichen Leben ISSN 0171-6360

1	Grün, A., **Gebet und Selbsterkenntnis**	(1979) 56 S., DM	6,80
2	Doppelfeld, B., **Der Weg zu seinem Zelt**	(1979) 64 S., DM	7,80
3	Ruppert/Grün, **Christus im Bruder**	(1979) 56 S., DM	6,80
4	Hugger, P., **Meine Seele, preise den Herrn**	(1979) 84 S., DM	9,80
5	Louf, A., **Demut und Gehorsam**	(1979) 55 S., DM	6,80
6	Grün, A., **Der Umgang mit dem Bösen**	(1980) 84 S., DM	9,80
7	Grün, A., **Benedikt von Nursia**	(1979) 60 S., DM	6,80
8	Hugger, P., **Ein Psalmenlied, dem Herrn,** Teil 1	(1980) 72 S., DM	8,80
9	Hugger, P., **Ein Psalmenlied, dem Herrn,** Teil 2	(1980) 80 S., DM	9,80
10	Hugger, P., **Ein Psalmenlied, dem Herrn,** Teil 3	(1980) 80 S., DM	9,80
11	Grün, A., **Der Anspruch des Schweigens**	(1980) 72 S., DM	8,80
12	Schellenberger, B., **Einübung ins Spielen**	(1980) 52 S., DM	5,80
13	Grün, A., **Lebensmitte als geistliche Aufgabe**	(1980) 60 S., DM	6,80
14	Doppelfeld, B., **Höre – nimm an – erfülle**	(1981) 68 S., DM	7,80
15	Friedmann, E., **Mönche mitten in der Welt**	(1981) 76 S., DM	8,80
16	Grün, A., **Sehnsucht nach Gott**	(1982) 64 S., DM	7,80
17	Ruppert/Grün, **Bete und arbeite**	(1982) 80 S., DM	9,80
18	Lafrance, J., **Der Schrei des Gebetes**	(1983) 64 S., DM	7,80
19	Grün, A., **Einreden**	(1983) 78 S., DM	8,80
22	Grün, A., **Auf dem Wege**	(1983) 72 S., DM	8,80
23	Grün, A., **Fasten – Beten mit Leib und Seele**	(1984) 76 S., DM	8,80
25	Kreppold, G., **Die Bibel als Heilungsbuch**	(1985) 80 S., DM	9,80
26	Louf/Dufner, **Geistliche Vaterschaft**	(1984) 48 S., DM	5,80
28	Schmidt, M.-W., **Christus finden in den Menschen**	(1985) 48 S., DM	5,80
29	Grün/Reepen, **Heilendes Kirchenjahr**	(1985) 88 S., DM	10,80
30	Durrwell, F.-X., **Eucharistie – das österl. S.**	(1985) 76 S., DM	8,80
31	Doppelfeld, B., **Mission**	(1985) 62 S., DM	7,80
32	Grün, A., **Glauben als Umdeuten**	(1986) 68 S., DM	7,80
34	Bar, C. de, **Du hast Menschen an m. Weg gest.**	(1986) 56 S., DM	6,80
35	Kreppold, G., **Kranke Bäume – Kranke Seelen**	(1986) 80 S., DM	9,80
36	Grün, A., **Einswerden**	(1986) 80 S., DM	9,80
37	Community, B., **Regel für einen neuen Bruder**	(1986) 48 S., DM	5,80
39	Grün, A., **Dimensionen des Glaubens**	(1987) 80 S., DM	9,80
41	Domek, J., **Gott führt uns hinaus ins Weite**	(1987) 72 S., DM	8,80
44	Grün/Reitz, **Marienfeste**	(1987) 80 S., DM	9,80
45	Domek, J., **Segen – Quelle heilender Kraft**	(1988) 76 S., DM	8,80
46	Grün/Reepen, **Gebetsgebärden**	(1988) 72 S., DM	8,80
47	Kohlhaas, E., **Es singe das Leben**	(1988) 60 S., DM	6,80
50	Grün, A., **Chorgebet und Kontemplation**	(1988) 68 S., DM	7,80
51	Doppelfeld/Stahl, **Mit Maria auf dem Weg d. Gl.**	(1989) 68 S., DM	7,80
52	Grün, A., **Träume auf dem geistlichen Weg**	(1989) 68 S., DM	7,80
53	Kreppold, G., **Die Bergpredigt,** Teil 1	(1989) 88 S., DM	10,80
54	Kreppold, G., **Die Bergpredigt,** Teil 2	(1989) 72 S., DM	8,80